ST. Agustinus DARI HIPPO (354–430 IKLAN)

Dari A Gelisah Jantung ke A Tertulis Kehidupan

Hidup Surat-surat – 40 Hari Renungan Seri - 1

Oleh

Aurelius Agustinus – St Agustinus dari Kuda nil;

Zakharia Godseagle;

Duta Besar M. HAI. Ogbe;

C. Ladi Ogbe;

Meja dari Isi

HAK CIPTA © HALAMAN

ST. Agustinus DARI HIPPO (354–430 IKLAN)
Dari A Gelisah Jantung ke A Tertulis Kehidupan
Hidup Surat-surat – 40 Hari Renungan Seri | Buku 1

PENULIS
Aurelius Agustinus (St. Agustinus dari Kuda nil)
Zakharia Godseagle
Duta besar Senin HAI. Penerbit
Ogbe Comfort Ladi Ogbe
Zakharia Godseagle Dan Godseagle Kementerian
Diterbitkan oleh: **Zacharias**
Godseagle Kontak -
https://www.otakada.org
ambassador@otakada.org
Telp/SMS +13024922440;
WhatsApp +2348032835348

PENAFIAN

Ini buku adalah A renungan Dan pemuridan sumber. Ketika dia gambar dari tulisan-tulisan sejarah, termasuk *Pengakuan Santo Agustinus* , ini tidak dimaksudkan sebagai A kritis akademik edisi atau A penggantian untuk utama teologis teks.

Kitab Suci kutipan adalah digunakan untuk renungan Dan instruksional tujuan. Interpretasi Dan aplikasi adalah disajikan dengan penuh doa Dan secara pastoral.

KITAB SUCI MELIHAT

Kecuali dinyatakan lain, kutipan Kitab Suci diambil dari sumber yang umum digunakan. Bahasa inggris terjemahan. Tekanan memiliki pernah ditambahkan di dalam tempat untuk kejelasan dan bersifat devosional fokus.

INFORMASI PENCETAKAN

Dicetak di dalam itu Serikat Negara-
negara bagian dari Amerika yang Utama
Edisi

TENTANG BUKU – Santo Agustinus dari Hippo (354–430 M) –

Dari A Gelisah Jantung ke A Tertulis Kehidupan

Wtopi melakukan dia Lihat menyukai Kapan Tuhan menolak ke meninggalkan A jiwa?

Riwayat hidup **Agustinus dari Hippo (354–430 M)** menjawab pertanyaan itu. dengan luar biasa kejujuran Dan abadi kekuatan.

Agustinus cerita berlanjut ke berbicara lintas berabad-abad Karena dia mencerminkan sebuah perjuangan banyak orang percaya tetap mengenali hari ini—sebuah kehidupan ditandai oleh menginginkan Tanpa istirahat, pengetahuan tanpa ketaatan, iman tanpa penyerahan, dan kasih karunia yang menolak untuk melepaskan. Perjalanannya mengungkap konflik batin hati manusia dan tak kenal lelah belas kasihan dari Tuhan WHO mengejar, menghadapi, mengembalikan, Dan mengubah.

Hidup Surat-surat: St. Agustinus dari Kuda nil (354–430 IKLAN) adalah A **Renungan Kristen biografi** dirancang ke murid orang percaya melalui hidup Kesaksian , bukan teori abstrak. Mengambil inspirasi dari *Pengakuan Agustinus* dan berlandaskan pada dengan tegas di dalam Kitab Suci, ini buku mempersembahkan Agustinus kehidupan bukan sebagai sejarah jauh , Tetapi sebagai A **hidup surat tertulis oleh Tuhan untuk itu Gereja Hari ini** .

Melalui narasi biografi yang menarik dan **perjalanan renungan 40 hari yang terstruktur dengan cermat** , pembaca dipandu melalui tema-tema pertobatan, identitas, terlambat ketaatan, terbagi menginginkan, batin konflik, berkah, kesucian, ketahanan, rohani perang, kematangan, Dan bisa dilihat buah. Itu Perjalanan ini sengaja digerakkan dari pembentukan diri Agustinus menuju transformasi pembaca. terakhir pergerakan dari itu buku pergeseran secara meyakinkan ke arah itu pembaca.

Melalui skenario yang halus dan berbasis cerita serta tindakan ketaatan praktis, pembaca diajak untuk diundang ke mewujudkan Apa mereka memiliki mempelajari—memeriksa milik mereka memiliki hidup sebagai **hidup surat-surat dari Kristus** , tertulis oleh itu Roh dari itu hidup Tuhan Dan membaca oleh dunia .

Buku ini ditulis untuk **renungan pribadi, studi kelompok, dan pembinaan murid di gereja. kepemimpinan pembentukan, Dan misi pelatihan** . Dia adalah dirancang bukan sekadar ke memberitahukan, Tetapi ke bentuk—panggilan orang percaya ke A keyakinan itu adalah bisa dilihat, mudah dibaca, dan bermanfaat.

Ini adalah bukan hanya A cerita tentang Agustinus.

Dia adalah A panggilan ke menjadi **dapat ditulis di dalam itu tangan dari Tuhan** . **UNTUK SIAPA BUKU INI DITUJUKAN?**

Ini buku adalah untuk:

- orang Kristen lapar untuk rohani kedalaman Dan patuh keyakinan
- orang percaya gulat dengan terlambat menyerah atau terbagi menginginkan
- Gereja para pemimpin pemuridan yang lain di dalam kehidupan nyata Kekristenan
- Baru orang percaya pencarian autentik model dari hidup keyakinan
- Pembaca WHO ingin Kitab Suci **diterapkan** , bukan hanya dijelaskan

Buku ini ditulis untuk semua orang percaya, yang mempercayakan Roh Kudus untuk mempersonalisasikan kebenaran. menurut ke setiap pembaca perjalanan.

ITU JANJI DARI INI BUKU

Ini buku janji ke:

- Membangkitkan rohani kelaparan
- Mengonfrontasi setengah hati ketaatan
- Memperkuat keyakinan melalui jujur kesaksian
- Memperdalam Cinta untuk Kitab Suci
- Mengilhami A kehidupan itu beruang bisa dilihat buah
- Melengkapi pembaca ke hidup sebagai duta besar dari Kristus

Dia melakukan **bukan** janji kenyamanan tanpa mengubah.

Dia janji **transformasi melalui Menyerah** . Shalom!

Zacharias Dewa Laut; Amb MO Ogbe; C. Pelayanan

Elang Tuhan Ladi Ogbe

https://www.otakada.org

ambassador@otakada.org

DEDIKASI

Tmiliknya buku adalah didedikasikan ke setiap jiwa Tuhan ditolak ke meninggalkan.

Ke itu WHO diyakini panjang sebelum mereka menaati. Untuk itu WHO dicintai Tuhan Tetapi bergulat dengan Menyerah. Untuk itu WHO tahu itu kebenaran belum terlambat penyelarasan.

Ke itu yang perjalanan memiliki pernah lambat, rumit, Dan dalam dipersengketakan. Ini bekerja adalah didedikasikan ke orang percaya WHO adalah tetap makhluk tertulis-
yang hidupnya belum rapi, tetapi tetap taat; yang
imannya belum sempurna, tetapi teguh;
yang kisahnya belum selesai, tetapi dengan setia diserahkan
kepada Tuhan. Di atas semua, ini buku adalah
didedikasikan ke itu kejayaan dari Tuhan,
WHO mengejar itu pengembaraan, menghadapi itu Ia
tabah, memperbaiki yang rusak, dan menyelesaikan
pekerjaan yang telah Ia mulai.

Semoga setiap orang yang membaca halaman-
halaman ini menjadi saksi Kristus yang lebih
nyata.

A lebih benar cerminan dari
kasih karunia, dan surat
yang hidup—
tertulis oleh itu Roh dari itu hidup Tuhan.

UCAPAN TERIMA KASIH

Tmiliknya bekerja berdiri pada suci tanah berbentuk oleh Kitab Suci, sejarah, doa, dan ketaatan.

Pertama Dan selalu, semua menghormati Dan rasa syukur milik ke Tuhan—sang Pengarang tentang kehidupan, kebenaran, dan transformasi. Tanpa Roh-Nya, tidak ada wahyu; tanpa kasih karunia-Nya, tidak ada pertobatan; tanpa kesabaran-Nya, tidak ada pekerjaan yang tuntas. Buku ini ada Karena Tuhan berlanjut ke menulis pada manusia hati Dan menolak untuk meninggalkan karya tangan-Nya.

Kami mengakui kesaksian abadi **Agustinus dari Hippo** , yang kejujurannya sebelum Tuhan Dan itu Gereja berlanjut ke menginstruksikan, menghukum, Dan menyembuhkan berabad-abad Nanti. Miliknya kesediaan ke mengakui kelemahan lebih tepatnya dibandingkan pendeta pembantu Kekuatan telah memberikan Gereja kesaksian yang tetap sangat relevan di setiap generasi.

Kami bersyukur atas pelestarian *Pengakuan Agustinus* dan generasi-generasi selanjutnya. dari orang-orang percaya, para sarjana, penerjemah, pendeta, Dan guru WHO telah melindungi itu Kitab Suci Dan dengan setia lulus turun itu Kristen saksi. Kami berdiri bukan sebagai penemu dari kebenaran, Tetapi sebagai pengurus dari A suci warisan.

Ini buku adalah Juga berbentuk oleh itu tak terlihat tenaga kerja dari itu Gereja—oleh mentor yang diajari ketaatan lebih tepatnya dibandingkan tepuk tangan, oleh para pemimpin WHO dimodelkan integritas di bawah tekanan, oleh komunitas itu dihargai pembentukan lebih pertunjukan, dan oleh para pendoa syafaat yang doa adalah diketahui hanya ke Tuhan.

Akhirnya, Kami mengakui setiap pembaca WHO akan melibatkan ini halaman bukan sebagai konten ke mengonsumsi, Tetapi sebagai A panggilan ke menanggapi. Ini buku adalah tidak lengkap tanpa dirimu ketaatan. Dia BENAR buah akan bukan menjadi terukur di dalam halaman membaca,

Tetapi di dalam kehidupan selaras, kebiasaan berubah, Dan Kristus dibuat bisa dilihat melalui setia saksi.

Mungkin Tuhan menerima itu kejayaan untuk Apa Dia sendiri Bisa menulis.

KATA PENGANTAR

T Dia Kristen keyakinan memiliki tidak pernah pernah berkelanjutan oleh i ide sendiri.

Dia memiliki selalu pernah diawetkan melalui **hidup** .

Dari Abraham yang meninggalkan zona nyaman, hingga Musa yang memikul beban berat. dari A bangsa, ke Paulus mewujudkan itu Injil Dia sekali menentang, Tuhan telah secara konsisten memilih untuk menyatakan Diri-Nya bukan hanya melalui wahyu tertulis, tetapi juga melalui **perwujudan Ketaatan** . Kitab Suci mengungkapkan kebenaran; kehidupan membuktikannya. dia. Doktrin menginstruksikan; saksi meyakinkan.

Di setiap generasi, Gereja menghadapi bahaya tersembunyi yang sama: percaya bahwa kesepakatan dengan kebenaran sama dengan penyerahan diri kepadanya. Kita hidup di zaman dengan akses yang belum pernah terjadi sebelumnya terhadap Kitab Suci, teologi, dan isi Kekristenan—namun kita juga hidup di zaman di mana buah yang terlihat, ketahanan rohani, dan iman yang taat semakin langka. Tantangan modern bukanlah ketidaktahuan akan kebenaran, tetapi **penolakan terhadap pembentukan** .

Itu *Hidup Surat-surat* seri ada Karena itu Alkitab diri bersikeras itu orang-orang percaya adalah bukan hanya pembaca dari Kitab Suci, Tetapi **-nya kelanjutan** —surat tertulis tidak dengan tinta, Tetapi dengan itu Roh dari itu hidup Tuhan, diketahui Dan membaca oleh semua orang-orang. Kekristenan tidak pernah dimaksudkan untuk dikagumi dari kejauhan. Kekristenan dimaksudkan untuk **dilihat, diuji, Dan ditafsirkan melalui hidup** .

Agustinus dari Hippo merupakan salah satu contoh paling jelas dan jujur dari realitas ini. Hidupnya tidak rapi atau linear. Hidupnya bersifat publik, penuh konflik, dan secara intelektual. cemerlang, secara moral terbagi, dalam penuh dosa, benar-benar bertobat, dan pada akhirnya Menyerah. Agustinus telah melakukan bukan pendeta pembantu A kesaksian; Dia **mengaku**

Sebuah kehidupan . Dia tidak menyembunyikan kegagalannya; dia menyerahkannya kepada Tuhan agar orang lain dapat disembuhkan, diperingatkan, dan dikuatkan.

Buku ini memulai *Seri Renungan 40 Hari Surat-surat Hidup* dengan cara yang disengaja. pengakuan: pemuridan adalah dipercepat Kapan orang percaya melihat Bagaimana kebenarannya adalah hidup **di bawah tekanan** , **lebih waktu** , **melalui menunda** , **di dalam kegagalan** , Dan **oleh berkah**

.

Agustinus cerita membuktikan itu transformasi adalah sering lebih lambat dibandingkan Kami mengharapkan, lebih berantakan daripada yang kita inginkan, dan jauh lebih menuntut daripada sekadar kepercayaan—tetapi juga jauh lebih abadi.

Buku ini ditulis untuk Gereja yang harus memulihkan bukan hanya apa yang dipercayainya, tetapi **juga bagaimana ia hidup** .

PEMBACA TINJAUAN

"Tmiliknya buku mengubah Agustinus dari A jauh teologis raksasa menjadi sebuah rekan peziarah yang perjuangan, penundaan, Dan menyerah merasa sangat mencolok modern. Dia adalah keduanya menyadarkan Dan penuh harapan ."

"Perpaduan langka antara biografi, Kitab Suci, dan pembentukan spiritual. Renungan ini tidak hanya memberi informasi kepada pikiran—tetapi juga menekan hati dengan lembut namun tegas."

"HIDUP SURAT-SURAT UNDANGAN itu pembaca ke berhenti mengamati keyakinan dari menjaga jarak dan mulai menghidupinya secara nyata. Kejujuran Agustinus menjadi pintu gerbang menuju pengalaman pribadi. tobat Dan pembaruan."

"KARYA INI MENGINGATKAN KITA bahwa kesaksian terbesar Allah bukanlah kesaksian yang dipoles. " hidup, Tetapi menghasilkan satu. Agustinus cerita adalah ditangani dengan rasa hormat, kedalaman, Dan pastoral kebijaksanaan."

"LAGI DIBANDINGKAN A 40 HARI renungan, ini buku adalah A berkelanjutan perjumpaan dengan kasih karunia—jenis kasih karunia yang mengejar, menunggu, menghadapi, dan pada akhirnya mengubah."

PERKENALAN

"Anda adalah kita surat, tertulis di dalam kita hati, diketahui Dan memba oleh semua laki-laki."

— 2 Korintus 3:2

Tuhan tidak pernah disengaja Miliknya Kata ke tetap abstrak.

Dia disengaja dia ke menjadi daging lagi—melalui Miliknya rakyat.

Itu Kitab Suci adalah bukan diberikan hanya ke memberitahukan itu pikiran, Tetapi ke **membentuk kehidupan** . Dari itu awal, Tuhan desain memiliki pernah itu Miliknya kebenaran akan menjadi disampaikan secara nyata melalui ketaatan manusia—sehingga dunia tidak hanya mendengar apa yang BENAR, Tetapi **melihat Apa dia menghasilkan** .

Kehidupan Agustinus dari Hippo mengungkapkan rancangan ini dengan sangat jelas. Agustinus mengetahui kebenaran jauh sebelum ia menaatinya. Ia mengasihi Tuhan sebelum ia sepenuhnya menyerahkan diri kepada-Nya. Ia mampu mengartikulasikan doktrin Kristen sambil tetap menolak ketaatan Kristen. Kisahnya mengungkap ketegangan yang diam-diam dialami banyak orang percaya. membawa Hari ini: itu celah di antara Apa Kami mengakui Dan Apa Kami praktik.

Agustinus perjalanan adalah bukan itu cerita dari A pria WHO kurang pengetahuan. Dia adalah cerita dari A pria yang **akan tertinggal di belakang miliknya kepercayaan** , yang keinginan menolak penyelarasan, Dan yang menyerah telah datang hanya setelah berkepanjangan berjuang. Tuhan Ia tidak meninggalkannya dalam penundaan itu. Sebaliknya, Ia mengejar Agustinus karena ambisi, intelek, kesuksesan, kegagalan, menginginkan, malu, Dan perlawanan—sampai Kristus adalah bukan hanya percaya, Tetapi **terbentuk di dalam** .

Buku ini mengajak Anda memasuki kehidupan Agustinus bukan sebagai penonton, melainkan sebagai peserta. Buku ini tidak meminta Anda untuk mengagumi pertobatannya atau menganalisis teologinya dari jarak yang aman. Buku ini mengajak Anda untuk memeriksa penundaan Anda sendiri, yang terbagi cinta, pribadi kompromi, Dan pola dari perlawanan di dalam itu lampu berdasarkan Kitab Suci dan kesaksian hidup.

Seiring berjalannya renungan, fokusnya secara bertahap bergeser. Kehidupan Agustinus menjadi cermin, dan akhirnya cermin itu sepenuhnya mengarah kepada pembaca. terakhir pergerakan dari ini perjalanan adalah dengan sengaja praktis Dan mencari—menyajikan modern skenario, diam tindakan dari ketaatan, da momen-momen dari keputusan Di mana keyakinan harus menjadi bisa dilihat.

Anda adalah bukan membaca sejarah sendiri.

Anda sedang membaca apa yang dapat Tuhan lakukan dengan kehidupan yang akhirnya menyerah. Dan oleh itu akhir, Anda adalah TIDAK lebih lama hanya A pembaca.

Anda adalah itu surat makhluk tertulis.

BAGAIMANA KE MENGGUNAKAN INI BUKU

Untuk Individu Dan Kelompok

1. MENGGUNAKAN INI BUKU SEBAGAI SEBUAH INDIVIDU

Ini renungan adalah bukan dirancang untuk kecepatan, volume, atau Pengumpulan informasi. Dirancang untuk **pembentukan** .

A. Sehari-hari Irama (15–30 Menit)

Setiap hari adalah tersusun ke menjadi hidup, bukan terburu-buru.

Direkomendasikan mengalir:

1. **Membaca Perlahan-lahan**

   Melakukan bukan meluncur. Membaca sebagai meskipun itu teks adalah membaca *Anda* .

2. **Memasuki itu Skenario**

   Melakukan bukan menganalisa dia.

   Membayangkan dirimu sendiri di dalam dia. Membiarkan dia permukaan jujur reaksi.

3. **Duduk Dengan itu Pertanyaan**

   Itu pertanyaan adalah bukan dimaksudkan ke menjadi dijawab dengan cepat. Beberapa dimaksudkan untuk bertahan sepanjang hari.

4. **Praktik itu Tindakan**

   Setiap hari termasuk A kecil bertindak dari ketaatan.

   Melakukan dia dengan tenang. Melakukan bukan mengumumkan dia. Membiarkan dia membentuk Anda.

5. **Berdoa Hanya**

   Itu doa adalah dengan sengaja polos.

   Menggunakan mereka sebagai tertulis atau membiarkan mereka membuka milikmu memiliki kata-kata.

B. Sikap untuk Individu Menggunakan

- Membaca **satu hari per hari hanya**
- Menghindari melompat di depan, bahkan jika itu Berikutnya hari terasa menarik

- Melakukan bukan Lihat untuk emosional pengalaman—lihat untuk penyelarasan
- Jurnal hanya Apa adalah diperlukan; ketaatan hal-hal lagi dibandingkan wawasan

Ini buku karya terbaik Kapan membaca **dengan pengekangan** .

C. Kapan ke Berhenti sebentar

Jika A hari mengungkap perlawanan, pengakuan, atau kelelahan:

- Tinggal dengan itu hari untuk sebuah tambahan 24–48 jam
- Praktik itu tindakan lagi
- Melakukan bukan bergegas transformasi

Rohani pembentukan adalah bukan linier.

2. MENGGUNAKAN INI BUKU DI DALAM A KELOMPOK PENGATURAN

Ini buku adalah dengan sengaja tertulis ke fungsi di dalam **kecil kelompok, lingkaran pemuridan, kelompok kepemimpinan, dan tim pelayanan** .

A. Ideal Kelompok Ukuran

- **4–8 rakyat** adalah optimal
- Lebih sedikit dibandingkan 4 batas saksi
- Lagi dibandingkan 10 batas kejujuran

Ini adalah A **pembentukan ruang angkasa** , bukan A kelas.

B. Mingguan Kelompok Irama (Direkomendasikan)

Lebih tepatnya dibandingkan pertemuan sehari-hari, kelompok sebaiknya bergerak pada A **mingguan kecepatan** . **Disarankan struktur:**

- 5 renungan hari secara individu (Hari-hari) 1–5)
- 1 kelompok pertemuan ke proses
- 1 istirahat atau mengejar hari

Ini memungkinkan ketaatan ke menjadi berlatih secara pribadi Dan diproses secara korporat.

C. Kelompok Pertemuan Struktur (60–90 Menit)

1. Pembukaan Keheningan (5 menit) Tidak ada pembaruan. Tidak ada diskusi. Cukup tenangkan ruangan.

2. Dibagikan Refleksi (30 menit)

Setiap orang jawaban hanya:

- *Apa menolak Saya ini pekan?*
- *Apa telah melakukan Tuhan permukaan?*

TIDAK pemasangan. TIDAK pengajaran.

3. Kitab Suci & Kearifan (20 menit)

Membaca itu kunci kitab suci nyaring perlahan. Tanyakan:

- *Apa buah adalah pembentukan?*
- *Apa penyelarasan adalah Tuhan meminta untuk?*

4. Doa & Pernyataan (15 menit)

Berdoa untuk ketaatan, bukan kenyamanan. Bicara itu pernyataan bersama.

D. Kelompok Aturan (Sangat Penting)

Untuk ini buku ke bekerja di dalam kelompok, itu mengikuti harus menjadi sepakat pada:

- TIDAK mengoreksi satu lain
- TIDAK pengajaran kecuali diundang
- TIDAK nasihat kecuali diminta
- TIDAK membagikan di luar itu kelompok
- TIDAK rohani perbandingan

Ini adalah A **aman pembentukan lingkungan** , bukan A perdebatan forum.

3. MENGGUNAKAN INI BUKU UNTUK KEPEMIMPINAN & PEMURIDAN

Ini renungan adalah khususnya efektif untuk:

- Gereja kepemimpinan tim
- Kementerian magang
- Muncul para pemimpin

- Dewasa orang percaya memasuki baru tanggung jawab

A. Kepemimpinan Tekanan

Para Pemimpin sebaiknya membayar spesial Perhatian ke:

- Hari-hari pada otoritas, kesunyian, ketahanan, Dan pertunjukan
- Skenario itu membuka nada, kontrol, Dan visibilitas
- Tindakan itu memerlukan pengekangan lebih tepatnya dibandingkan prakarsa

Ini buku formulir **karakter sebelum kapasitas** .

B. Fasilitator Peran

Jika Anda adalah terkemuka yang lain melalui ini buku:

- Melakukan bukan mendominasi diskusi
- Model kerentanan tanpa berbagi informasi berlebihan
- Mengizinkan kesunyian
- Melindungi itu laju

Milikmu peran adalah **wali dari itu lingkungan** , bukan itu pakar.

4. APA INI BUKU ADALAH — DAN ADALAH BUKAN

Ini Buku Adalah:

- A pembentukan perjalanan
- A pemuridan alat
- A cermin untuk ketaatan
- A penugasan sumber

Ini Buku Adalah Bukan:

- A teologi buku pelajaran
- A motivasi renungan
- A bacaan cepat program
- A didorong oleh kepribadian belajar

Dia adalah dirancang ke **meninggalkan tanda** , bukan kesan.

5. A TERAKHIR KATA KE PEMBACA

Apakah Anda berjalan melalui ini buku sendiri atau dengan yang lain, Tanggung jawabnya tetap sama:

Anda adalah bukan diminta ke mengagumi kebenaran.

Anda adalah diminta ke **menjadi**
Terbaca . Baca perlahan-lahan.
Mematuhi
dengan
tenang.
Hiduplah .
jelas.
Itu dunia adalah membaca.

ST. Agustinus DARI HIPPO (354–430 IKLAN) - A Kehidupan Tuhan Ditolak ke Meninggalkan Sendiri

ITU PENUH NAMA DARI ST. Agustinus dari Kuda nil adalah **Aurelius Agustinus** (dalam bahasa Latin) atau **Aurelius Agustinus** . Dia adalah terkenal diketahui sebagai Agustinus dari Kuda nil (Latin: *Aurelius Agustinus Hipponensis*), memiliki disajikan sebagai itu uskup dari Hippo Regius di Afrika Utara dari tahun 396 hingga 430 Masehi.

- **Kelahiran Nama:** Aurelius Agustinus.
- **Makna:** Seorang Bapa Gereja Latin, filsuf, dan doktor Gereja Katolik.
- **Konteks:** Dia adalah dikenali untuk miliknya kontribusi ke Kekristenan Barat Dan filsafat, dengan terkenal karya termasuk *Pengakuan* dan *Kota Tuhan* .

BAB SATU

SEORANG ANAK YANG GELISAH, SEORANG IBU YANG BERDOA, DAN TUHAN YANG MENGAWASI

He akan Nanti menjadi satu dari itu paling berpengaruh orang Kristen WHO yang pernah hidup.

Tetapi pada itu awal, **Tidak ada apa-apa tentang Agustinus disarankan Menyerah** . Dia brilian sebelum dia rendah hati. Penasaran sebelum ia patuh. Gelisah panjang sebelum Dia adalah ditebus.

Agustinus lahir pada tahun 354 Masehi, di sebuah kota kecil di Afrika Utara yang bernama Thagaste, di dalam Apa adalah Sekarang zaman modern Aljazair. Dia masuk itu dunia bukan sebagai seorang santo, tetapi sebagai sebuah kontradiksi—dibesarkan di rumah yang terpecah oleh keyakinan, dibentuk oleh A ibu WHO berdoa tanpa henti, Dan terpengaruh oleh A ayah WHO lebih mengagumi ambisi daripada kesucian.

Dari miliknya paling awal hari, Agustinus jantung bersandar ke arah *menginginkan lebih* —lebih kesenangan, lagi pengetahuan, lagi pengakuan, lagi kebebasan. Namun bahkan sebagai A anak, sesuatu kalau tidak adalah hadiah: A dalam, tidak disebutkan namanya ketidakpuasan yang mengikutinya ke mana pun.

Dia kemudian mengakui bahwa Masalahnya bukanlah ketidaktahuan akan Tuhan, Tetapi **salah arah Cinta** .

Tetapi Bagaimana melakukan A anak mempelajari Apa ke Cinta? Dan WHO adalah membentuk kita keinginan sebelum Kami adalah bahkan menyadari dari Mereka? Ini pertanyaan akan menghantui Agustinus kehidupan.

A RUMAH TERBAGI

AUGUSTINE DIBESARKAN DI BAWAH PENGAWASAN KETAT ibunya, Monica—seorang Kristen wanita yang keyakinan adalah bukan diam, sopan, atau pribadi. Dia berdoa dengan air mata. Dia diyakini dengan kegigihan. Dia tepercaya Tuhan untuk dia bahkan anak laki-laki Kapan miliknya pilihan tampak ke bertentangan setiap harapan dia dipegang.

Ayahnya, Patricius, adalah seorang pagan—ambisius, berorientasi sosial, dan jauh lebih peduli dengan Agustinus masa depan kesuksesan dibandingkan miliknya masa depan jiwa. Dia Ia mengagumi kecerdasan Agustinus dan memimpikan kenaikannya dalam masyarakat, namun menunjukkan sedikit kepedulian. untuk itu pembentukan dari miliknya karakter.

Dua suara berbentuk itu muda Agustinus:

- Satu panggilan dia ke atas di dalam keyakinan
- Itu lainnya mendorong dia ke luar ke arah pencapaian

Di antara mereka berdiri seorang anak laki-laki yang sejak dini belajar bahwa **kecerdasan dapat berkembang lebih cepat daripada kebijaksanaan** , dan bahwa kasih sayang kepada Tuhan dapat ada tanpa ketaatan kepada Tuhan.

Yang suara Mengerjakan Kami mendengarkan ke Kapan keduanya janji A masa depan?

A TAJAM PIKIRAN DAN A LONGGAR JANTUNG

AUGUSTINE BERPRESTASI di sekolah. Kata-kata mengalir dengan mudah dari mulutnya. Argumen sangat menggembirakannya. dia. Memuji diberi makan dia. Bahkan sebagai A anak, Dia telah menemukan itu intelek bisa mendatangkan kekaguman—dan kekaguman bisa menutupi kekosongan.

Belum di samping miliknya akademik kesuksesan berlari A pertumbuhan nafsu makan untuk Kenikmatan. Agustinus belajar sejak dini bagaimana mengambil apa yang diinginkannya hanya karena ia menginginkannya . Salah satu pengakuannya yang paling awal—yang sangat jujur—bukanlah tentang ketidaktahuan, tetapi tentang *menikmati perbuatan salah* demi perbuatan salah itu sendiri.

Suatu ketika dia mencuri buah—bukan karena lapar, tetapi karena itu dilarang.

Mengapa melakukan itu manusia jantung menginginkan Apa dia tahu adalah Salah? Mengapa? melakukan kesenangan sering merasa lagi meyakinkan dibandingkan Kebenaran? Ini bukanlah pertanyaan kuno.

Mereka adalah manusia satu.

A TUHAN SIAPA DULU HADIAH TETAPI TIDAK DITERIMA

Agustinus mengenal agama Kristen sejak usia dini. Dia sudah mengenal nama itu. dari Kristus. Dia dihormati Kitab Suci. Dia bahkan kagum Kristen moral dari jarak. Tetapi kekaguman telah melakukan bukan menerjemahkan ke dalam menyerah.

Dia menginginkan kebenaran—tetapi bukan kekuasaan. Dia diinginkan artinya—tetapi bukan pengekangan. Dia menginginkan Tuhan—tetapi belum saatnya.

Jadi Tuhan menunggu.

Atau lebih tepatnya—Tuhan menonton.

Dan di balik setiap pilihan yang dibuat Agustinus, ada sebuah doa. ibu, A sabar Tuhan, Dan A pertumbuhan kegelisahan itu TIDAK kesuksesan bisa membisu.

PERTANYAAN ITU AKAN BUKAN PERGI JAUH

Seiring berjalannya kehidupan Agustinus, beberapa pertanyaan mulai mengikutinya—pertanyaan-pertanyaan yang akan membentuk perjalanannya dan pada akhirnya membentuk Gereja:

- Mengapa Mengerjakan Kami tahu Apa adalah Kanan belum memilih Apa adalah salah?
- Bisa keyakinan ada tanpa ketaatan?
- Adalah menginginkan itu musuh, atau adalah dia hanya salah arah?
- Mengapa melakukan Tuhan mengizinkan menunda di dalam konversi?
- Bisa intelek menjadi A penghalang ke menyerah?
- Melakukan Tuhan mengejar kita bahkan Kapan Kami melawan Dia?
- Apa terjadi Kapan kebenaran menghadapi kesenangan?

Ini pertanyaan akan bukan menjadi dijawab semua pada sekali.

Pertanyaan-pertanyaan itu akan dijawab **hari demi hari** , melalui kegagalan Agustinus, pengakuannya , miliknya berbalik poin, Dan miliknya akhirnya menyerah—melintasi itu Perjalanan 40 hari berikutnya.

A KEHIDUPAN DI BAWAH PENGAMATAN

PADA INI PANGGUNG DARI MILIKNYA kehidupan, Agustinus telah melakukan bukan mempertimbangkan diri hilang.

Tetapi surga telah sudah ditandai dia.

Dia akan Nanti menulis itu Tuhan adalah lebih dekat ke dia dibandingkan Dia adalah kepada dirinya sendiri—hadir bahkan Kapan diabaikan, setia bahkan Kapan menolak.

Kisah Agustinus tidak dimulai dengan pertobatan.

Kisah itu dimulai dengan **pengejaran** .

Dan itu pengejaran memiliki sudah dimulai.

PERTANYAAN KE MEMBAWA MAJU

MELAKUKAN BUKAN MENJAWAB INI belum. Membiarkan mereka masih tertinggal:

- Apa suara berbentuk milikmu paling awal keinginan?
- Di mana telah melakukan intelijen atau bakat mengizinkan pembangkangan?
- Apa memiliki Tuhan pernah sabar dengan di dalam milikmu kehidupan?
- Adalah milikmu jantung gelisah—dan jika Jadi, Mengapa?

Ini pertanyaan akan bertemu milik mereka jawaban sebagai itu perjalanan terungkap.

BAB DUA

RAYUAN KESUKSESAN DAN PENDIDIKAN KEINGINAN

A Agustinus belajar lebih awal itu **kesuksesan bisa merasa menyul penyelamatan** .

Sebagai Dia tumbuh, miliknya kecemerlangan menjadi Tak terbantahkan. Guru dipuji Dia. Rekan-rekannya iri padanya. Peluang terbuka di hadapannya. Di dunia di mana kemajuan bergantung pada retorik Dan bujukan, Agustinus hadiah dengan Kata-katanya membedakannya dari yang lain.

Dan dengan setiap pencapaian telah datang bantuan:

Anda adalah luar biasa. Anda adalah ditakdirkan untuk lagi.

Tetapi lagi dari *Apa* ?

Itu pertanyaan adalah tidak pernah diminta dengan lantang—karena kesuksesan melakukan bukan Mengundang interogasi. Ini memberi penghargaa atas momentum.

AMBISI SEBAGAI A PENGGANTI UNTUK PANGGILAN

Pendidikan Agustinus membawanya meninggalkan kota kelahirannya menuju kota-kota yang lebih besar, panggung yang lebih luas, dan tepuk tangan yang lebih meriah. Ia menguasai retorika, seni bujukan, itu keahlian dari muncul bijak. Dia belajar Bagaimana ke bergerak kerumunan, bagaimana menang argumen, Bagaimana ke suara meyakinkan—bahkan Kapan kebenaran adalah tidak pasti.

Yang tidak ia pelajari adalah bagaimana mengendalikan keinginan. Dunia menghargai bakatnya.

Hatinya menuruti dorongan
hatinya. Dan Tuhan—yang tetap
sabar—menyaksikan.
Adalah dia mungkin untuk A hadiah ke maju lebih
cepat dibandingkan karakter? Bisakah kesuksesan
menjadi A tempat berlindung dari pengakuan?
Agustinus akan Nanti menjawab ini pertanyaan dengan menyakitkan.

ITU DIAM PEMBENTUKAN DARI A TERBAGI JIWA

SELAMA TAHUN-TAHUN INI, kehidupan Agustinus terbagi menjadi beberapa bagian. Di depan umum, dia adalah berdisiplin, kagum, Dan Menjanjikan. Secara pribadi, Dia dimanjakan keinginan Hal itu bertentangan dengan semua nilai yang selama ini dia junjung tinggi.

Dia telah melakukan bukan melihat ini sebagai Kemunafikan. Dia menganggapnya sebagai **hal yang normal** .

Lagipula, banyak orang hidup seperti itu—sukses di siang hari, bermewah-mewah di malam hari. Apa penting, Dia percaya, adalah akhirnya maksud. Satu hari Dia akan berubah. Satu hari Dia akan menjadi lebih baik. Satu hari Dia akan kirim sepenuhnya ke Tuhan.

Hanya bukan belum.

Mengapa melakukan "Nanti" merasa Jadi wajar Kapan ketaatan terasa Mahal? Mengapa ? Mengerjakan Kami menganggap waktu akan membuat menyerah lebih mudah?

Agustinus menunda adalah bukan pemberontakan—itu adalah perundingan.

A KEYAKINAN ITU BISA TUNGGU

Agustinus DIPERCAYA di dalam Tuhan.

Dia menghormati Kristus. Dia kagum Kitab Suci.

Tetapi keyakinan tanpa ketaatan menciptakan sebuah ilusi dari keamanan.

Ia kemudian mengaku bahwa ia lebih takut akan kesucian daripada takut akan dosa—bukan Karena Dia meragukan Tuhan kebaikan, Tetapi Karena Dia meragukan miliknya kemauan sendiri untuk berubah.

Dia berdoa—tetapi dengan hati-hati. Dia mendengarkan—tetapi secara selektif.

Dia menunda kepatuhan—yakin bahwa dia masih

memegang kendali. Namun kendali selalu bersifat
sementara.

ITU MENGINGINKAN ITU MENJADI A MENGUASAI

Seiring bertambahnya usia Agustinus, begitu pula dengan kesenangan yang dimilikinya. Keinginan, yang dulunya terpenuhi, berubah menjadi tuntutan. Apa yang dimulai sebagai pilihan perlahan menjadi kebiasaan. Apa yang dimulai sebagai kebebasan mengeras menjadi ketergantungan.

Dia dicintai sangat dalam—tetapi
bukan dengan bijak. Dia
berkomitmen—tetapi tidak
sepenuhnya.
Dia merindukan untuk keintiman—tetapi menolak Akuntabilitas.

Keinginan menjanjikan
kepuasan. Namun, yang
terjadi justru sebaliknya. dia
dikencangkan -nya pegangan.
Kapan kesenangan berhenti melayani kita dan mulai
menguasai kita? Bagaimana kita membedakan kasih
sayang dari kecanduan?
Ini adalah pertanyaan Agustinus bisa bukan belum menghadapi.

A IBU SIAPA AKAN BUKAN BERHENTI BERDOA

SEMUA ITU KETIKA, MONICA berdoa.

Dia berdoa di tengah kekecewaan.

Dia berdoa melalui rasa malu.

Dia berdoa melalui publik kesuksesan Dan pribadi kegagalan.

Dia menyaksikan putranya naik status tetapi jatuh dalam karakter—dan dia menolak untuk berhenti percaya bahwa Tuhan masih menuliskan rencana-Nya.

Apa artinya mendoakan seseorang yang tampak sukses tetapi secara spiritual lemah? Melayang?

Bagaimana doa bisa berfungsi jika tidak ada perubahan
yang terlihat? Monica tidak mengetahui jawabannya.

Dia tepercaya itu Pengarang.

A KEHIDUPAN PINDAH MAJU—DAN MENGHENTIKAN SECARA INTERNAL

SECARA LUAR, Agustinus adalah terus maju.

Di dalam hati, Dia adalah terjebak.

Miliknya pikiran balapan di depan dari miliknya jantung. Miliknya reputasi dikalahkan miliknya ketaatan.

Miliknya masa depan terlihat cerah—namun miliknya jiwa dirasakan makin redup.

Dan di balik hiruk pikuk pencapaian, kegelisahan itu kembali.

Tidak dengan keras.

Terus-menerus.

A pertanyaan dimulai ke permukaan—tenang Tetapi tak kenal lelah:
Adalah ini semua di sana adalah?

PERTANYAAN ITU AKAN MEMBENTUK ITU PERJALANAN KE DEPAN

MELAKUKAN BUKAN BERGEGAS KE MENJAWAB ini:

- Bisa ambisi hidup bersama dengan menyerah?
- Pada Apa titik melakukan menunda menjadi pembangkangan?
- Mengapa Tuhan membiarkan kesuksesan terus berlanjut meskipun hati telah berkompromi?
- Adalah menginginkan kejahatan, atau hanya Tidak disiplin?
- Bagaimana panjang akan Tuhan Tunggu sebelum Dia ikut campur?

Ini pertanyaan akan mengikuti Agustinus—dan mereka akan mengikuti kita—ke dalam selanjutnya bab.

APA ADALAH YANG AKAN DATANG BERIKUTNYA

Agustinus ADALAH TENTANG ke bertemu:

- A keyakinan sistem itu terasa secara intelektual unggul
- A filsafat itu janji kejelasan tanpa tobat
- A versi dari keyakinan itu menghapus itu tidak nyaman dari ketaatan

Dan Dia akan merangkul dia.
Bukan Karena dia adalah benar—tapi Karena dia adalah nyaman.

PERTANYAAN KE MEMBAWA MAJU

- Di mana memiliki kesuksesan tumpul milikmu nalar dari urgensi ke arah Tuhan?
- Apa ketaatan memiliki Anda ditunda Karena "Nanti" terasa lebih aman?
- Siapa adalah berdoa untuk kamu—dan adalah Anda mendengarkan?

ITU CERITA BERSAMBUNG.

BAB TIGA

A AGAMA ITU TERSANJUNG PIKIRAN DAN HATI YANG DIBENARKAN

A Agustinus telah melakukan bukan meninggalkan Tuhan.
Dia **didefinisikan ulang Dia** .

Pada saat ambisi belum memuaskan dan kesenangan belum memberikan hasil, Agustinus beralih ke sistem kepercayaan yang menjanjikan sesuatu yang sangat menarik: *kebenaran tanpa transformasi* .

Dia telah melakukan bukan
tuntutan pertobatan. Itu tidak
bertentangan dengan
keinginan.
Dia telah melakukan bukan
panggilan untuk Menyerah.
Kedengarannya cerdas.
Dia dirasakan wajar.
Dan dia diizinkan dia ke tetap di dalam
kontrol. Jadi, Agustinus menerimanya.

KAPAN KEYAKINAN MENJADI A PERSEMBUNYIAN TEMPAT

Sistem yang diadopsi Agustinus diklaim dapat menjelaskan masalah kejahatan di A jalan itu lega pribadi tanggung jawab. Salah adalah TIDAK lebih lama Sesuatu yang harus disesali—sesuatu yang harus dijelaskan. Kegagalan bukan lagi masalah moral—melainkan masalah metafisika.

Dalam kerangka ini, Agustinus masih dapat berbicara tentang terang dan gelap, kebenaran. Dan kesalahan, Bagus Dan kejahatan—tanpa menghadapi miliknya memiliki akan.

Hal itu memberinya bahasa tanpa
kekuasaan. Wawasan tanpa
kepatuhan.

Agama tanpa tobat.

Mengapa adalah keyakinan sistem paling menarik Kapan mereka melindungi kita dari mengubah?

Seberapa sering kita tertarik pada ide-ide yang tidak mengubah kebiasaan kita?

Agustinus merasa lega.

Tetapi lega adalah bukan itu sama sebagai kebebasan.

INTELEKTUAL KEUNGGULAN TANPA KEDAMAIAN BATIN

Untuk sementara waktu, Agustinus merasa puas. Ia percaya telah menemukan sesuatu *yang lebih baik* daripada iman sederhana masa kecilnya—sesuatu yang lebih halus, lebih rasional, lebih maju.

Dia diperdebatkan

dengan percaya diri. Dia

mengajar orang lain.

Dia dirasakan tercerahkan.

Belum di dalam hati, itu kegelisahan terus berlanjut.

Itu kepercayaan Dia dipeluk bisa menjawab pertanyaan tentang itu semesta, tetapi mereka tidak bisa membungkam suara di dalam dirinya. Mereka bisa menjelaskan kejahatan, tetapi mereka tidak bisa bukan sembuh menginginkan. Mereka bisa menggambarkan kebenaran, Tetapi mereka bisa bukan menghasilkan perubahan.

Mengapa pemahaman tidak selalu membawa

transformasi? Mengapa kejelasan dapat

berdampingan dengan penindasan?

Agustinus dimulai ke nalar itu kontradiksi—tetapi menolak penamaan dia.

ITU BIAYA DARI A KEYAKINAN ITU TUNTUTAN TIDAK ADA

LEBIH WAKTU, RETAK MUNCUL.

Itu para pemimpin Agustinus kagum bisa bukan menjawab itu lebih dalam pertanyaan Dia bertanya. Kepercayaan diri mereka melemah di bawah pengawasan. Penjelasan mereka terdengar mengesankan. Tetapi runtuh Kapan ditekan.

Yang paling mengkhawatirkan adalah, sistem yang menjanjikan pembebasan itu justru tidak membuatnya menjadi seperti sekarang. bebas.

Miliknya kebiasaan tetap ada.

Miliknya batin konflik tetap
ada. Kehendaknya yang
terpecah tetap ada.
Dan perlahan-lahan, Agustinus diwujudkan sesuatu meresahkan:
akhirnya akan melindunginya. dia mungkin untuk agama ke menjadi
A tempat berlindung untuk pembangkangan?

Bisa keyakinan menjadi A jalan dari menghindari Tuhan lebih tepatnya dibandingkan bertemu Dia?

A IBU KEYAKINAN DAN A ANAK LAKI-LAKI PERLAWANAN

SELAMA INI BERTAHUN-TAHUN, Monica menonton.

Dia telah melakukan bukan perdebatan
dia anak laki-laki Filsafat. Dia berdoa.
Dia menangis lebih miliknya
kesombongan. Dia
mempercayai waktu Tuhan.

Dia adalah memperingatkan oleh gereja para pemimpin bukan ke membantah dengan dia Tetapi ke mengizinkan Tuhan akan bertindak. Dan dia pun menunggu—berduka, berharap, percaya bahwa Tuhan yang telah menandai dia putra akan bukan meninggalkan dia ke setengah kebenaran.

Apa melakukan keyakinan Lihat menyukai Kapan
jawaban adalah Tertunda? Bagaimana? melakukan
perantaraan terus berlanjut Kapan mengubah adalah
Lambat? Monica mempercayai apa yang belum bisa
diterima Agustinus: Tuhan tidak terancam oleh jalan
memutar.

ITU LAMBAT KEHANCURAN DARI KEPASTIAN PALSU

PADA AKHIRNYA, ITU KEYAKINAN sistem Agustinus tepercaya dimulai ke Terurai. Janji-janji wawasan tak lagi memuaskan. Para pemimpin yang dikaguminya mengecewakan. dia. Itu penjelasan itu sekali terkesan dia dirasakan tipis.

Dan yang terburuk dari semuanya—
kekosongan itu kembali. Tidak secara
dramatis.
Terus-menerus.
Agustinus telah melampaui tempat
perlindungannya. Kebenaran mulai
menghampirinya.

PERTANYAAN ITU MULAI KE MEMBAKAR

MELAKUKAN BUKAN MENJAWAB INI belum:

- Keyakinan apa yang telah Anda anut karena keyakinan tersebut hanya membutuhkan sedikit perubahan?
- Di mana memiliki pengetahuan diganti ketaatan?
- Memiliki Anda pernah digunakan teologi ke membenarkan menunda?
- Apa terjadi Kapan itu sistem Kami memercayai mulai ke gagal?

Ini pertanyaan akan bukan meninggalkan Agustinus sendiri.
Mereka akan menyetir dia ke arah A konfrontasi Dia tidak bisa menghindari.

APA ADALAH YANG AKAN DATANG BERIKUTNYA

Agustinus ADALAH TENTANG ke bertemu:

- A membentuk dari Kekristenan itu terlibat itu pikiran tanpa memaafkan jantung
- Guru WHO menggabungkan kerendahhatian dengan intelijen
- A kebenaran itu TIDAK lebih lama memungkinkan dia ke

bersembunyi di belakang argumen Dan Kapan kebenaran

menjadi tak terhindarkan, sesuatu harus memberi.

PERTANYAAN KE MEMBAWA MAJU

- Adalah milikmu keyakinan menghadapi Anda—atau menenangkan Anda?
- Apa akan ketaatan biaya Anda Kanan Sekarang?
- Jika Tuhan diminta untuk semuanya, akan Anda penundaan—atau menghasilkan?

ITU PERJALANAN BERSAMBUNG.

BAB EMPAT

KETIKA KEBENARAN MENDEKAT DAN KEHENDAK MELAWAN

By itu waktu Agustinus dicapai ini musim dari miliknya kehidupan, **ketidaktahuan adalah bukan lagi pilihan** .

Itu keyakinan sistem itu sekali terlindung dia telah runtuh. Itu kepercayaan mereka ditawarkan telah terkikis. Itu penjelasan itu sekali terkesan dia Sekarang terasa hampa. Yang tersisa adalah seorang pria yang terekspos—cerdas, berprestasi, dihormati, dan diliputi konflik batin.

Kebenaran adalah TIDAK jarak yang lebih jauh .

Dia adalah **di dekat cukup ke tuntutan A tanggapan** . Dan kedekatan itu membuatnya gelisah.

KAPAN ALASAN KEHILANGAN MILIK MEREKA KEKUATAN

Agustinus selalu percaya bahwa perlawanan muncul dari ketidakpastian. Jika kebenaran menjadi cukup jelas, ia berasumsi bahwa kepatuhan akan mengikuti secara alami.

Tetapi Sekarang kejelasan telah tiba—dan ketaatan telah bukan.

Dia dipahami Kekristenan lebih baik dibandingkan pernah sebelum. Dia bisa pandai berbicara klaimnya . Dia bisa membela -nya koherensi. Dia bisa bahkan mengagumi -nya kecantikan.

Namun kekaguman tidak menghasilkan penyerahan diri. Mengapa? melakukan memahami gagal ke bergerak itu akan?

Mengapa kebenaran menjadi menakutkan ketika semakin meyakinkan? Agustinus sedang menemukan sesuatu yang

menyakitkan:
itu rintangan adalah bukan itu pikiran—itu adalah itu jantung.

ITU MUNCULNYA DARI A TERBAGI AKAN

DI DALAM DIRI AGUSTA, DUA keinginan berkonflik secara terbuka. Satu diinginkan Kekudusan Tuhan, keutuhan, istirahat, kebenaran. Kontrol lain yang diinginkan—kesenangan, keakraban, penundaan. Dia diinginkan kebebasan, Tetapi bukan pada itu biaya dari mengubah.

Ia menginginkan kedamaian, tetapi bukan dengan mengorbankan disiplin. Ia menginginkan Tuhan, tetapi belum sepenuhnya.

Ini divisi lelah dia.

Dia Nanti dijelaskan dia sebagai makhluk ditarik di dalam di depan petunjuk oleh dua surat wasiat—satu kenaikan ke arah Tuhan, itu lainnya berpegangan ke kebiasaan.

Mengapa jiwa menolak apa yang diketahuinya akan menyembuhkannya? Mengapa penahanan terkadang terasa lebih aman daripada kebebasan?

A KEYAKINAN ITU SEKARANG DIRASAKAN TA TERHINDARI

Kekristenan bukan lagi sekadar kenangan masa kecil atau pilihan moral. Di hadapan Agustinus, Kekristenan berdiri sebagai visi realitas yang utuh—visi yang menjelaskan tidak hanya dunia, tetapi juga konflik batinnya.

Ia menyebut dosa—bukan sebagai ketidaktahuan, tetapi sebagai cinta yang tidak teratur . bernama kasih karunia—bukan sebagai informasi, Tetapi sebagai kekuatan.

Dia bernama menyerah—tidak sebagai kehilangan, Tetapi sebagai hidup. Dan itulah masalahnya.

Kekristenan telah melakukan bukan mengizinkan Agustinus ke tetap Terpecah. Itu menuntut seluruh dirinya.

ITU DOA ITU TERUNGKAP SEMUANYA

Dalam salah satu momen paling jujur dalam hidupnya, Agustinus memanjatkan doa yang mengungkap ketegangan di dalam dirinya.

Dia memohon kesucian
kepada Tuhan. Dia diminta
Tuhan untuk kekudusan.
Dia meminta Tuhan untuk diubah.
Kemudian dia menambahkan
sebuah syarat.
Bukan belum.
Ini adalah bukan ejekan.

Dia adalah takut.
Dia diyakini Tuhan bisa mengubah dia.
Dia adalah bukan Tentu Dia diinginkan ke menjadi berubah.
Bagaimana banyak doa suara suci Tetapi
bersembunyi ragu-ragu? Bagaimana sering
Mengerjakan Kami bertanya Tuhan ke bertindaklah—
perlahan, dengan aman, Kemudian? Agustinus doa
terungkap Apa menunda sungguh-sungguh adalah:
bukan kebingungan, Tetapi keengganan.

TUHAN STRATEGI: TEKANAN TANPA MEMAKSA

TUHAN TELAH MELAKUKAN BUKAN MENGESAMPINGKAN Agustinus akan.

Sebaliknya, Dia justru memperparah
konflik batin tersebut . kegelisahan
tumbuh lebih tajam.
Itu kesenangan tumpul.
Itu gangguan melemah.
Tuhan DIHAPUS itu kenyamanan dari menunda tanpa menghapus Kebebasan Agustinus .
Mengapa Tuhan mengizinkan ketegangan alih-alih
penyelamatan segera? Bagaimana jika keresahan adalah
bagian dari belas kasih-Nya?
Agustinus adalah makhluk terpojok—tidak oleh ancaman, Tetapi oleh kebenaran

A KEHIDUPAN TANPA PERSEMBUNYIAN TEMPAT

UNTUK ITU PERTAMA WAKTU, Agustinus diwujudkan Dia telah tidak ada tempat kiri ke mundur.

Filsafat telah gagal dia.
Agama tanpa tobat telah kecewa Dia. Kesuksesan
belum memuaskannya.
Menunda telah bukan terlindung dia.
Semua itu tetap tinggal adalah A pertanyaan Dia bisa TIDAK lebih lama

menghindari:

Akan Anda menghasilkan?

Bukan pada akhirnya.

Bukan suatu hari nanti.

Sekarang.

Dan Agustinus gemetar.

PERTANYAAN ITU HARUS MENJADI TELAH MEMBAW MAJU

MELAKUKAN BUKAN MENYELESAIKAN INI belum:

- Apa kebenaran adalah Anda yakin dari Tetapi tetap melawan?
- Di mana memiliki kejelasan ditingkatkan Tetapi keberanian bukan Diiku
- Apa akan penuh ketaatan biaya Anda?
- Adalah Anda menunda Karena Anda ragu Tuhan—atau Karena Anda Takut perubahan?

Ini pertanyaan akan bukan meninggalkan Agustinus sendiri.
Mereka adalah penggerak dia ke arah A momen itu akan merusak itu jalan buntu.

APA ADALAH YANG AKAN DATANG BERIKUTNYA

Agustinus ADALAH MENDEKATI A krisis—bukan dari keyakinan, Tetapi dari akan.

Segera:

- Itu batin pertempuran akan mencapai -nya puncak
- Tuhan akan mengganggu miliknya perlawanan
- Kitab Suci akan mengonfrontasi dia secara langsung
- A suara akan panggilan dia ke memilih

Itu Berikutnya bab akan tanda **itu runtuh dari menunda** .

BAB LIMA

AMBIL DAN BACA: KETIKA PERLAWANAN RUNTUH

Agustinus telah dicapai itu akhir dari menunda. Bukan Karena miliknya pertanyaan adalah menjawab, tetapi Karena miliknya alasan adalah lelah.

Pergulatan batinnya telah menjadi tak tertahankan. Kebenaran menekan dari satu sisi. Kebiasaan menarik dari sisi lain. Kehendaknya hancur di bawah beban pengetahuan. Apa ke Mengerjakan Dan makhluk tidak dapat ke Mengerjakan dia.

Dia telah melakukan bukan merasa heroik. Dia merasa **terekspos** .

ITU PERANG DI DALAM ITU JIWA

Agustinus mengasingkan diri ke sebuah taman—bukan untuk berdoa dengan tenang, tetapi untuk bergulat hebat dengan dirinya sendiri. Emosinya meluap. Pikirannya berpacu. Hatinya hancur berkeping-keping.

Dia menginginkan Tuhan. Dia diinginkan mengubah. Dia diinginkan kebebasan. Tapi dia takut kehilangan.

Dia menangis—bukan air mata penyesalan, melainkan air mata kelelahan. Ketegangan itu dari divisi telah dicapai -nya membatasi. Dia bisa TIDAK lebih lama berpura-pura itu penundaan terjadi kebijaksanaan. Dia bisa TIDAK lebih lama berpura-pura itu perlawanan adalah keamanan.

Mengapa menyerah terasa seperti kematian sebelum terasa
seperti kehidupan? Mengapa? melakukan ketaatan menakuti
kita Kapan dia janji penyembuhan?

Agustinus menangis keluar—tidak dengan dipoles doa, Tetapi dengan mentah keputusasaan.

ITU MOMEN TUHAN TERPUTUS

DI DALAM ITU TENGAH DARI MILIKNYA kekacauan, sesuatu tidak terduga telah terjadi.

Agustinus mendengar A

suara. Tidak guruh.

Bukan

doktrin.

Bukan

argumen.

A sederhana suara—seperti itu dari A anak—memanggil keluar berulang-kali: *"Mengambil Dan membaca. Mengambil Dan membaca."*

Pada Pertama, Dia membeku.

Dia bisa bukan mengingat setiap anak-anak bermain di dekat sini. Itu suara telah melakukan bukan Ia menjelaskan dirinya sendiri. Ia tidak berargumentasi. Ia tidak membujuk.

Dia diperintahkan.

Mengapa Tuhan terkadang berbicara tanpa penjelasan?

Apa yang terjadi ketika kebenaran tidak lagi

bernegosiasi?

Agustinus berhenti tangisan. Dia berdiri. Dia telah pergi ke Di mana itu Kitab Suci disimpan.

KAPAN KITAB SUCI MENJADI A DAKWAAN

DIA DIBUKA ITU BUKU—BUKAN secara acak, Tetapi sangat.

Miliknya mata menjatuhkan pada kata-kata itu dirasakan lebih sedikit menyukai petunjuk Dan lagi seperti penghakiman—bukan kecaman, tetapi kejelasan.

Itu jalan berbicara secara langsung ke miliknya kondisi. Dia bernama miliknya berjuang. Hal itu mengungkap miliknya menunda. Dia dihadapkan miliknya kebiasaan. Dia ditawarkan TIDAK kompromi.

Dan di dalam itu momen, sesuatu di dalam dia

Rusak. Tidak. perlahan-lahan.

Bukan

dengan

sopan.

Sepenuhnya.

Kehendak yang terpecah itu runtuh. Perlawanan kehilangan cengkeramannya. Pertempuran panjang berakhir—bukan karena Agustinus akhirnya menjadi kuat, tetapi karena **kasih karunia menang. miliknya kelemahan** .

Apa yang terjadi ketika Firman Tuhan berhenti memberi informasi dan mulai mengubah?

Mengapa melakukan Kitab Suci memukul terdalam Kapan itu jantung adalah siap ke menghasilkan?

ITU AKHIR DARI "BUKAN BELUM"

Agustinus TELAH MELAKUKAN BUKAN MERASA kembang api.

Dia dirasakan melepaskan.

Itu ketegangan itu telah tersiksa dia larut. Itu rantai Dia ditakuti ke Rasa kehilangan itu sirna. Ketaatan yang ia takuti menjadi mungkin—bukan melalui usaha, tetapi melalui menyerah.

Dia telah melakukan bukan
membantah lagi. Dia telah
melakukan bukan menunda
lagi.

Dia telah melakukan bukan
berunding lagi. Dia menyerah.

Dan dengan menyerah, dia menemukan apa yang selama ini dia
kejar: Ketenangan.

KAPAN BERKAH AKHIRNYA MEMILIKI MENGAKSES

Kemudian, Agustinus menggambarkan momen ini bukan sebagai kehilangan, melainkan sebagai pencerahan. Dia adalah sebagai meskipun lampu kebanjiran A menjadi gelap kamar—tidak secara bertahap, tetapi segera.

Miliknya keinginan
Disusun ulang.
Kehendaknya selaras.
Miliknya jantung beristirahat.
Kasih karunia tidak hanya
mengampuninya. Kasih karunia
membebaskannya .

Mengapa kasih karunia membutuhkan penyerahan diri
sebelum terasa seperti kasih karunia? Mengapa Tuhan
menunggu sampai kehendak menyerah?

Ini jawaban akan berkembang di dalam Agustinus hidup—tetapi itu keputusan adalah terakhir.

PERTANYAAN ITU TANDA ITU BERPUTAR TITIK

DUDUK DENGAN INI:

- Apa adalah Tuhan meminta Anda ke berhenti Menunda?
- Apa "bukan belum" memiliki menjadi pembangkangan?
- Apa akan runtuh di dalam milikmu kehidupan jika Anda menghasilkan sepenuhnya?
- Adalah Anda bersedia ke mematuhi tanpa memahami semuanya?

Agustinus telah melakukan bukan
memahami semuanya. Dia mematuhi.

APA ADALAH YANG AKAN DATANG BERIKUTNYA

KONVERSI DULU BUKAN itu akhir dari Agustinus perjalanan.
Dia adalah itu awal dari:

- Penolakan
- Publik ketaatan
- Mahal kerendahhatian
- Kekal pembentukan

Itu Berikutnya bab akan menunjukkan kita Apa terjadi **setelah menyerah** , Kapan rahmat dimulai ke membentuk ulang A kehidupan di dalam publik melihat.

BAB ENAM

TERKUBUR DAN DIBANGKITKAN: KETAATAN SETELAH KRISIS

S menyerah berakhir itu perang.
Tetapi dia dimulai itu bekerja.

Agustinus tidak bangun keesokan paginya sebagai manusia yang sempurna. Anugerah telah menata ulang segalanya. miliknya jantung, Tetapi miliknya kehidupan tetap diperlukan ke menjadi direstrukturisasi. Itu rantai telah jatuh, belum itu kebiasaan telah ke menjadi tidak terpelajari. Itu akan telah menyerah, Tetapi Ketaatan kini harus diwujudkan dalam kehidupan.

Konversi adalah bukan sebuah emosional puncak—itu adalah A **a** **mengubah** .

ITU DIAM SETELAH ITU BADAI

SETELAH KRISIS DI taman itu, Agustinus mengalami sesuatu yang tidak biasa: kesunyian. Bukan kekosongan, Tetapi perdamaian. Bukan kebingungan, Tetapi kejelasan. Suara itu itu telah sekali berpendapat di dalam dia TIDAK lebih lama berkompetisi.

Ini tenang adalah bukan
Rapuh. Itu sudah
ditambatkan.

Belum perdamaian telah melakukan bukan menghapus tanggung jawab.
Mengapa Tuhan memberikan kepastian sebelum
penugasan? Mengapa istirahat datang sebelum
penataan ulang?

Agustinus akan segera menemukan bahwa rahmat
tidak mempercepat transformasi—melainkan

mengakar **pada transformasi tersebut** .

PENOLAKAN SEBELUM REPUTASI

SATU DARI Agustinus Pertama tindakan dari ketaatan adalah bukan publik Ia berkhotbah, tetapi juga melakukan penolakan secara pribadi. Ia menjauh dari ambisi yang pernah mendefinisikan dirinya. dia. Dia dilonggarkan miliknya pegangan pada hubungan itu bisa bukan hidup bersama dengan kesetiaan barunya.

Ini bukanlah keputusan kecil. Keputusan-keputusan ini mahal, tidak dapat dibatalkan, dan disalahpahami.

Dia telah melakukan
bukan membenarkan
dirinya sendiri. Dia telah
melakukan bukan
menjelaskan dirinya sendiri.
Dia mematuhi.
Seperti apakah ketaatan itu ketika tidak ada yang
bertepuk tangan? Bagaimana Mengerjakan Kami
membiarkan pergi dari masa depan Kami sekali
berencana?
Agustinus memilih kesetiaan lebih keakraban.

TERKUBUR DAN DINAIKKAN

BAPTISAN DIIKUTI—TIDAK sebagai upacara, Tetapi sebagai pernyataan. Dia ditandai masyarakat pemakaman dari itu tua kehidupan Dan itu munculnya dari A baru satu.

Agustinus telah melakukan bukan merawat baptisan sebagai simbolisme sendiri. Dia dipahami dia sebagai partisipasi—kematian bersama Kristus, hidup di dalam Kristus, dan pertanggungjawaban kepada Kristus.

Dia adalah TIDAK lebih lama miliknya memiliki.

Mengapa melakukan ketaatan sering memerlukan publik saksi?

Apa terjadi Kapan keyakinan bergerak dari pribadi pengakuan ke komitmen yang terlihat ?

Pembaptisan Agustinus tidak menyelesaikan
transformasinya . **terpapar dia ke itu dunia** .

A BARU HUBUNGAN DENGAN MENGINGINKAN

Kasih karunia tidak menghapus kemampuan Agustinus untuk berkeinginan. Kasih karunia telah mengalihkannya. dia.

Dahulu, hasrat menguasainya, tetapi sekarang hasrat itu melayani cinta yang lebih tinggi. Dahulu, kesenangan mendominasi, tetapi sekarang tujuan muncul. Dahulu, kebiasaan mengendalikan, tetapi sekarang disiplin mulai terbentuk.

Ini bukanlah kesempurnaan

instan. Ini adalah kasih sayang

yang ditata ulang.

Mengapa melakukan Tuhan mengubah menginginkan lebih tepatnya dibandingkan menghancurkan dia?

Bagaimana jika kekudusan bukanlah ketiadaan kerinduan, melainkan penataan cinta yang benar?

Ini pertanyaan akan mendefinisikan Agustinus teologi—dan miliknya kehidupan.

KETAATAN TANPA A PETA JALAN

Agustinus TELAH MELAKUKAN BUKAN BELUM tahu Apa miliknya masa depan dipegang. Dia telah melakukan bukan Ia tahu bahwa ia akan menjadi seorang uskup, seorang teolog, seorang guru bagi generasi-generasi mendatang. Ia hanya tahu bahwa dirinya milik Tuhan.

Dan itu adalah cukup.

Mengapa melakukan Tuhan mengungkap arah hanya setelah menyerah?

Mengapa kejelasan sering kali mengikuti ketaatan dan bukan

mendahuluinya? Agustinus mempelajari apa yang harus

dipelajari semua murid:

ketaatan datang Pertama; memahami Berikutnya.

PERTANYAAN UNTUK ITU PERJALANAN DI DEPAN

MELAKUKAN BUKAN BERGEGAS INI:

- Apa memiliki berkah dibebaskan Anda dari itu tetap memerlukan disiplin?
- Apa ambisi harus menjadi melepaskan ke mengikuti Kristus sepenuhnya?
- Di mana adalah Tuhan panggilan untuk publik ketaatan?
- Adalah Anda bersedia ke mematuhi tanpa penuh arti itu hasil?

Ini pertanyaan akan muncul kembali selama itu 40 hari perjalanan.

APA ADALAH YANG AKAN DATANG BERIKUTNYA

KEHIDUPAN AUGUSTINE akan beralih dari pembentukan pribadi ke tanggung jawab publik.

Itu Berikutnya bab akan mengungkap:

- A panggilan Agustinus telah melakukan bukan mencari
- Otoritas Dia telah melakukan bukan menginginkan
- A peran itu diperlukan kerendahhatian, bukan ambisi

Berkah akan Sekarang membentuk dia bukan hanya sebagai A orang percaya, Tetapi sebagai A **pelayan dari yang lain** .

BAB TUJUH

DIPANGGIL TANPA DIMINTA: KETIKA TUHAN INTERUPSI KITA RENCANA

A Agustinus telah melakukan bukan bertanya ke memimpin.

Dia telah menyerahkan hidupnya, bukan secara sukarela mencari ketenaran. Dia menginginkan diam ketaatan, bukan publik tanggung jawab. Setelah bertahun-tahun dari ambisi, dia merindukan untuk ketersembunyian—untuk sedang belajar, untuk disiplin, untuk A keyakinan berlatih dari tepuk tangan.

Tetapi Tuhan telah lainnya rencana.

Dan mereka tiba tanpa konsultasi.

KAPAN TUHAN PANGGILAN APA KAMI TELAH MELAKUKAN BUKAN MENAWARKAN

Agustinus DISENGAJA ke hidup A kehidupan dari penuh pertimbangan kesetiaan. Dia Ia mencari komunitas, Kitab Suci, doa, dan refleksi yang disiplin. Ia merasa puas untuk bertumbuh perlahan, secara pribadi, dan dengan setia.

Kemudian itu Gereja

memperhatikan Dia. Bukan

kecemerlangannya di masa lalu.

Bukan miliknya ambisi sebelumnya .

Tetapi itu berat dari berkah Sekarang beristirahat pada dia.

Dalam perkumpulan orang percaya, yang dikelilingi oleh harapan dan kebutuhan, Agustinus dipanggil secara terbuka untuk melayani. Panggilan itu tiba-tiba. Momen itu sangat luar biasa. Itu tanggung jawab adalah tak terhindarkan.

Mengapa melakukan Tuhan sering panggilan kita Di mana Kami merasa paling sedikit siap? Mengapa melakukan Dia mempercayakan otoritas ke itu WHO Mengerjakan bukan mencari Itu? Agustinus menolak—tidak keluar dari pemberontakan, Tetapi keluar dari takut.

ITU KERENDAHHATIAN ITU DATANG SETELAH MENYERAH

INI PANGGILAN TELAH MELAKUKAN BUKAN memuji Agustinus.

Dia ketakutan dia.

Dia menangis secara terbuka—tidak dari PALSU kesopanan, Tetapi dari A dalam kesadaran kelemahan. Dia memahami apa yang dibutuhkan kepemimpinan. Dia tahu harga yang harus dibayar untuk membimbing. jiwa Kapan seseorang memiliki jiwa telah hanya baru-baru ini pernah sembuh.

Belum itu panggilan tetap ada.

Tuhan tidak meminta Agustinus untuk mengandalkan kekuatannya sendiri. Ia meminta Agustinus untuk mengandalkan kasih karunia.

Apa jika keengganan adalah bukan A diskualifikasi, Tetapi Persiapan? Apa? jika takut mengungkapkan keseriusan lebih tepatnya dibandingkan kegagalan?

A BARU BAIK DARI OTORITAS

Agustinus OTORITAS telah melakukan bukan datang dari kepercayaan diri.

Dia telah datang dari pengakuan.

Ia memimpin bukan sebagai orang yang telah menguasai godaan, tetapi sebagai orang yang telah pernah diselamatkan dari dia. Dia telah melakukan bukan mengajar sebagai satu di atas berjuang, Tetapi sebagai seseorang yang mengenalnya.

Miliknya masa lalu—dahulu A sumber dari rasa malu—menjadi A alat dari Kementerian. Mengapa? melakukan Tuhan gunakan kembali Apa Kami mengharapkan Dia akan menghapus?

Bagaimana melakukan berkah mengubah luka ke dalam kebijaksanaan?

Agustinus belajar itu kepemimpinan di dalam Kristus kerajaan adalah bukan ketinggian—itu adalah paparan.

ITU KEMATIAN DARI ARAH DIRI SENDIRI

MENERIMA ITU PANGGILAN dimaksudkan menyerah kontrol lagi.

Agustinus waktu adalah TIDAK lebih lama miliknya memiliki. Miliknya kata-kata telah membawa berat. Miliknya hidup menjadi bisa dilihat. Miliknya ketaata: Sekarang terpengaruh yang lain.

Ini bukanlah kebebasan yang pernah ia
bayangkan. Ini lebih dalam.

Apa yang terjadi ketika ketaatan kita mulai membentuk
kehidupan orang lain? Apakah Kami bersedia ke menjadi
bertanggung jawab untuk itu buah Kami beruang?

Berkah telah bukan hanya tersimpan Agustinus—itu telah tamtama dia.

ITU BIAYA DARI MAKHLUK MEMBACA OLEH SEMUA

SEBAGAI Agustinus MELANGKAH ke dalam publik kementerian, Dia menja Apa Kitab Suci menjelaskan: A hidup surat, diketahui Dan membaca oleh semua.

Perilakunya penting.

Pengajarannya penting.

Pengajarannya penting .

tobat penting.

Di sana adalah TIDAK kembali ke anonimitas.

Mengapa melakukan Tuhan membuka Apa Dia menebus?

Mengapa melakukan kepemimpinan memerlukan visibilitas lebih tepatnya dibandingkan pribadi?

Agustinus dimulai ke memahami itu Tuhan menulis Miliknya paling jelas pesan menyerah hidup.

PERTANYAAN UNTUK ITU JALAN DI DEPAN

DUDUK DENGAN INI:

- Di mana mungkin Tuhan menjadi panggilan Anda di luar milikmu kenyamanan?
- Apa tanggung jawab memiliki Anda menolak Karena dari takut?

- Adalah Anda bersedia ke melayani Di mana Anda telah melakukan bukan rencana?
- Bagaimana mungkin milikmu masa lalu menjadi A platform untuk berkah?

Ini pertanyaan akan memperdalam sebagai Agustinus pengaruh tumbuh.

APA ADALAH YANG AKAN DATANG BERIKUTNYA

Agustinus KEHIDUPAN ADALAH tentang ke memperluas di luar lokal kementerian ke dalam pengaruh yang bertahan lama .

Itu Berikutnya bab akan mengeksplorasi:

- Itu berat dari rohani otoritas
- Itu bahaya dari kebanggaan setelah panggilan
- Itu disiplin diperlukan ke tetap rendah hati ketika berpengaruh

Berkah akan Sekarang membentuk Agustinus bukan hanya sebagai A pelayan—tetapi sebagai A **gembala** .

BAB DELAPAN

ITU BERAT DARI PENGARUH DAN DISIPLIN DARI KERENDAHHATIAN

I pengaruh tiba dengan tenang.

Di sana adalah TIDAK terompet.

TIDAK Ketenaran mendadak .

TIDAK dramatis ketinggian.

Tetapi Agustinus dirasakan itu menggeser.

Orang-orang kini mendengarkan dengan cara yang berbeda. Mereka mengamati lebih saksama. Mereka mengulangi kata-katanya. Mereka meminta nasihatnya. Keyakinan pribadinya menjadi titik acuan publik.

Berkah telah ditempatkan berat pada miliknya kehidupan.

Dan berat, jika bukan telah membawa sepatutnya, Bisa menghancurkan Apa dia meningkatkan.

KAPAN PENGARUH TES ITU JIWA

Agustinus DIPAHAMI sesuatu banyak tidak pernah mempelajari sampai dia adalah Terlambat: pengaruh adalah bukan A hadiah—itu adalah A tanggung jawab.

Dahulu ia mengejar pengakuan. Kini pengakuanlah yang mengejarnya. Dan bahayanya... adalah tak kentara. Kebanggaan melakukan bukan selalu mengumumkan diri dengan keras. Kadang-kadang Ia datang menyamar sebagai sesuatu yang bermanfaat.

Orang-orang memuji
wawasannya. Mereka
mengagumi kejelasannya.
Mereka bersandar pada

miliknya kepemimpinan.

Dan Agustinus dirasakan itu godaan—bukan ke dosa secara terbuka, Tetapi memercayai dirinya sendiri dengan tenang.

Mengapa adalah kebanggaan paling berbahaya setelah menyerah?

Bagaimana melakukan kegunaan menjadi A pembiakan tanah untuk Kemandirian ?

Agustinus telah mempelajari harga dari
indulgensi. Sekarang Dia telah ke mempelajari
itu biaya dari kekaguman.

ITU SEHARI-HARI BEKERJA DARI TINGGAL RENDAH

Agustinus tidak berasumsi bahwa satu tindakan penyerahan diri menjamin kehidupan selamanya. kerendahhatian. Dia dipahami itu manusia jantung juga Sehat untuk itu.

Jadi, dia menerapkan
disiplin. Bukan sebagai
hukuman.

Sebagai perlindungan.

Ia kembali berdoa setiap hari—bukan untuk mempersiapkan khotbah, tetapi untuk tetap bergantung pada Tuhan. Ia mempelajari Kitab Suci—bukan untuk membuat pendengar terkesan, tetapi untuk membuka diri. Ia mengakui kelemahannya—bukan untuk tampak rendah hati, tetapi untuk tetap jujur.

Mengapa melakukan rohani pertumbuhan memerlukan pengulangan lebih tepatnya dibandingkan Wahyu? Mengapa kerendahan hati harus dipraktikkan dan bukan diasumsikan?

Agustinus memilih untuk sengaja menyembunyikan diri di hadapan Tuhan agar dapat bertahan dari sorotan publik di hadapan orang banyak.

PENGAJARAN DARI BEKAS LUKA, BUKAN PEDESTAL

APA MENGATUR Agustinus terpisah adalah bukan miliknya kecemerlangan, Tetapi miliknya kejujuran.

Ia tidak mengajar sebagai orang yang kebal
terhadap godaan. Ia mengajar sebagai
orang yang telah diselamatkan dari
godaan.

Miliknya masa lalu telah melakukan bukan membatalkan dia—itu berdisiplin dia. Dia diingat Ia terlalu jelas mengingat apa yang dihasilkan oleh pemerintahan sendiri. Ia mengingat dengan sangat menyakitkan apa konsekuensi dari penundaan tersebut.

Jadi, ia mengajarkan keanggunan
dengan keseriusan. Kebenaran
dengan kelembutan.
Koreksi dengan kasih sayang.
Mengapa Tuhan mempercayakan otoritas kepada mereka yang mengingat kerapuhan mereka? Bagaimana? melakukan ingatan menjadi A menjaga melawan kebanggaan?
Agustinus bekas luka menjadi batasan.

KAPAN ITU GEREJA MENJADI A CERMIN

KEPEMIMPINAN YANG TERUNGKAP Agustinus tidak hanya dikagumi, tetapi juga dikritik. Kata-katanya ditimbang. Tindakannya ditafsirkan. Motifnya dipertanyakan.

Ini visibilitas halus dia.

Dia tidak bisa lagi hidup santai.

Dia bisa TIDAK lebih lama

berbicara secara longgar. Dia tidak

bisa lagi bersembunyi secara pribadi.

Dan alih-alih membenci tekanan ini, Agustinus menerimanya sebagai

suatu rahmat. Mengapa? melakukan Tuhan mengizinkan para

pemimpin ke menjadi terlihat Jadi Jelas?

Apa jika akuntabilitas adalah berkah di dalam samaran?

Agustinus belajar itu Tuhan sering mengawetkan kerendahhatian oleh penolakan pribadi.

ITU PANJANG BEKERJA DARI MAKHLUK TERBENTUK SELAMA PEMBENTUKAN YANG LAIN

Saat Agustinus menggembalakan orang lain, ia menemukan sebuah paradoks: mengajarkan kebenaran. semakin dalam miliknya membutuhkan untuk dia. Terkemuka yang lain ke dalam ketaatan terungkap area-area di mana dia masih membutuhkan rahmat.

Dia adalah bukan

Selesai. Dia

dimanfaatkan.

Dan dimanfaatkan tidak berarti menjadi lengkap.

Mengapa? melakukan Tuhan panggilan kita ke

melayani sebelum Kami merasa siap?

Mengapa pembentukan terus berlanjut meskipun pengaruh

semakin besar? Agustinus belajar memimpin sebagai

seorang pembelajar.

PERTANYAAN ITU MEMBENTUK ITU BERTAHUN-TAHUN DI DEPAN

MEMBAWA INI MAJU:

- Bagaimana Mengerjakan Anda penjaga kerendahhatian Kapan Tuhan peningkatan milikmu pengaruh?
- Apa disiplin ilmu melindungi milikmu ketergantungan pada Tuhan?
- Adalah Anda bersedia ke menjadi diketahui sebagai Sehat sebagai digunakan?
- Melakukan Anda kembali ke Tuhan sebagai dalam sebagai yang lain datan ke Anda?

Ini pertanyaan akan mendefinisikan Agustinus tersisa perjalanan.

APA ADALAH YANG AKAN DATANG BERIKUTNYA

Agustinus PENGARUH adalah tentang ke memperpanjang di luar miliknya komunitas terdekat .

Itu Berikutnya bab akan mengeksplorasi:

- Itu beban dari doktrinal tanggung jawab
- Itu tantangan dari menjaga kebenaran dengan Cinta
- Itu biaya dari kedudukan tegas tanpa menjadi kasar

Berkah akan Sekarang membentuk Agustinus sebagai A **pembela dari kebenaran Dan A gembala dari jiwa-jiwa** .

BAB SEMBILAN

MENJAGA IMAN TANPA KEHILANGAN ITU JANTUNG

TRuth memiliki berat.

Begitu Agustinus mulai berpengaruh, ia menemukan bahwa kebenaran bukan lagi hanya sesuatu untuk dihayati—melainkan sesuatu yang harus **dijaga** . Gagasan menjadi penting. Pengajaran berbentuk jiwa. Kesalahan telah melakukan bukan tetap teoretis; dia diproduksi buah sebenarnya hidup.

Dan bukan semua buah adalah Bagus.

KAPAN KESALAHAN TUNTUTAN TANGGAPAN

Agustinus HIDUP DI DALAM A waktu Kapan bersaing ajaran menyebar Dengan cepat, percaya diri, dan persuasif. Beberapa terdengar spiritual. Beberapa terdengar penuh belas kasih. Beberapa terdengar lebih unggul secara intelektual. Banyak yang meminjam bahasa Kristen sambil mengosongkannya dari kekuatan yang terkandung di dalamnya.

Kesunyian adalah bukan sebuah pilihan.

Ke tetap diam akan memiliki pernah lebih mudah. Untuk tetap setuju akan memiliki pernah lebih aman.

Namun, cinta kepada sesama manusia menuntut kejelasan, bukan kenyamanan. Mengapa? melakukan kebenaran pada akhirnya memerlukan Konfrontasi?

Kapan toleransi berubah menjadi pengabaian?

Agustinus belajar itu menjaga itu keyakinan adalah bukan kesombongan—itu adalah tanggung jawab.

ITU BAHAYA PADA KEDUANYA SISI

NAMUN AGUUSTINUS JUGA memahami sesuatu yang berbahaya: dia adalah mungkin ke membela kebenaran Dan kehilangan Cinta.

Koreksi dapat berubah menjadi kesombongan. Keyakinan dapat berubah menjadi kekejaman. Ortodoksi dapat berdampingan dengan hati yang dingin. Dan Agustinus telah melihat hal itu terjadi.

Dia telah sekali pernah pada itu menerima akhir dari kasar kepastian—kebenaran Diucapkan tanpa kesabaran, keyakinan disampaikan tanpa keanggunan. Dia ingat betapa mudahnya argumen dapat melukai alih-alih menyembuhkan.

Jadi Dia berjalan dengan hati-hati.

Bagaimana kita menghadapi masalah tanpa menjadi agresif? Bagaimana kita mengoreksi tanpa menghancurkan?

KEBENARAN SEBAGAI A MEMBENTUK DARI MELAYANI

Agustinus DIBINGKAI ULANG itu tugas.

Membela iman bukanlah tentang memenangkan argumen . adalah tentang **porsi jiwa-jiwa** .

Kebenaran adalah bukan A senjata ke membuktikan Keunggulan. Itu adalah obat untuk memulihkan kesehatan.

Ini berubah Bagaimana Dia berbicara. Bagaimana dia menulis.

Bagaimana Dia dihadapkan kesalahan.

Dia menolak itu godaan ke menghina lawan. Dia ditolak ke mereduksi manusia menjadi sekadar posisi. Dia ingat bahwa di balik setiap gagasan yang salah terdapat seorang manusia. jantung berbentuk oleh takut, kebingungan, atau kebanggaan.

Bagaimana jika tujuan koreksi adalah pemulihan, bukan dominasi? Apa jika Cinta adalah bukan itu di depan dari kebenaran, Tetapi -nya sesuai pengiriman?

ITU PRIBADI BIAYA DARI KEDUDUKAN TEGAS

KEJELASAN DIUNDANG OPOSISI.

Agustinus dikritik . Disalahpahami.
Ditantang. Terkadang disalahartikan. Kedudukan untuk kebenaran biaya dia perdamaian, reputasi, Dan kemudahan.

Tetapi kompromi akan memiliki biaya lagi.

Mengapa melakukan ketaatan sering membawa konflik lebih tepatnya dibandingkan Tenang? Apa artinya mencintai orang lain sampai rela mengambil risiko tidak disukai?

Agustinus diterima itu biaya—tidak sebagai kesyahidan, Tetapi sebagai tata kelola.

KERENDAHHATIAN DI BAWAH API

Bahkan ketika membela kebenaran, Agustinus tetap waspada terhadap kesalahan dirinya sendiri. Ia memeriksa motifnya. Ia menelaah kembali Kitab Suci. Ia menerima koreksi.

Dia sangat menyadari bahaya menganggap bahwa menjadi benar berarti menjadi saleh.

Mengapa para pembela kebenaran harus tetap menjadi murid kasih karunia? Bagaimana kerendahan hati melestarikan otoritas?

Agustinus sikap penting sebagai banyak sebagai miliknya posisi.

ITU LAMBAT PEMBENTUKAN DARI A GURU

LEBIH WAKTU, Agustinus menjadi diketahui bukan hanya untuk kejelasan, Tetapi untuk keseimbangan. Ia memadukan ketegasan dengan belas kasih, keyakinan dengan kesabaran, otoritas dengan kerendahan hati.

Kata-katanya memiliki bobot karena hidupnya penuh dengan pengendalian diri. Dia telah belajar bahwa kebenaran tanpa kasih sayang akan melukai.

Tetapi Cinta tanpa kebenaran menyesatkan.

Itu panggilan adalah bukan ke memilih di antara mereka—tetapi ke **memegang keduanya dengan setia** .

PERTANYAAN ITU MENGGELIAT ITU JIWA

MEMBAWA INI DENGAN ANDA:

- Bagaimana Mengerjakan Anda menanggapi Kapan kebenaran memerluka konfrontasi?
- Di mana mungkin pengakuan menjadi pengerasan ke dalam kebanggaan?
- Adalah Anda lagi khawatir dengan makhluk Kanan atau makhluk penebusan?
- Apa akan dia biaya Anda ke berdiri tegas di dalam Cinta?

Ini pertanyaan akan gema melalui itu renungan perjalanan di depan.

APA ADALAH YANG AKAN DATANG BERIKUTNYA

Agustinus PENGARUH adalah berkembang, Dan Jadi adalah itu berat Dia membawa.

Itu Berikutnya bab akan mengeksplorasi:

- Menderita itu melakukan bukan meninggalkan
- Pertanyaan itu keyakinan melakukan bukan dengan cepat menjawab
- Percaya Tuhan Kapan ketaatan melakukan bukan menghapus nyeri

Kasih karunia kini akan membentuk Agustinus dengan cara yang lebih mendalam—bukan melalui kemenangan, tetapi melalui ketahanan.

BAB SEPULUH

KAPAN KEYAKINAN MELAKUKAN BUKAN HILANGKAN RASA SAKIT

O kepatuhan telah melakukan bukan menyekat Agustinus dari duka. Jika apa pun, dia **diklarifikasi dia** .

Oleh ini musim dari miliknya kehidupan, Agustinus telah menyerah ambisi, Ia menerima panggilan hidupnya, menjaga kebenaran, dan menerima tanggung jawab. Imannya bukan lagi sekadar teori. Dia adalah diuji, bisa dilihat, Dan Mahal.

Dan masih—sakit tetap ada.

Bukan rasa sakit karena

rasa bersalah.

Bukan itu nyeri dari pemberontakan.

Tetapi itu nyeri itu berlama-lama bahkan Kapan ketaatan adalah jujur.

ITU MITOS DARI TANPA RASA SAKIT KEYAKINAN

Agustinus TELAH SEKALI diasumsikan itu menyerah akan membawa Kesederhanaan. Itu kejelasan akan menghapus kompleksitas. Itu ketaatan akan menyelesaikan ketegangan.

Dia telah melakukan bukan.

Iman tidak menghapus

kehilangan. Panggilan telah

melakukan bukan mencegah

Kesedihan. Kebenaran telah

melakukan bukan kesunyian

duka.

Alih-alih, keyakinan telah memberi nyeri A baru konteks.

Mengapa kita mengharapkan ketaatan untuk melindungi kita
dari penderitaan? Di mana? telah melakukan itu ide datang
dari itu keyakinan jaminan kemudahan?

Agustinus dimulai ke memahami itu Tuhan melakukan bukan selalu menghapus rasa sakit—kadang-kadang Dia **mendefinisikannya ulang** .

DUKA ITU BENTUK LEBIH TEPATNYA DIBANDINGKAN MENGHANCURKAN

Agustinus BERPENGALAMAN duka itu memotong dalam. Kerugian itu bisa tidak menjadi berpendapat jauh. Pertanyaan itu teologi telah melakukan bukan dengan cepat menjawab.

Dia telah melakukan bukan menafsirkan
menderita sebagai hukuman. Dia tidak
menganggapnya sebagai kegagalan.
Dia diizinkan dia ke
bekerja. Rasa sakit
menjadi seorang
tutor.
Duka menjadi A pengilangan Api.
Daya tahan menjadi sebuah
menawarkan.
Mengapa Tuhan membiarkan rasa sakit tetap ada bahkan
setelah pertobatan? Apa baik dari keyakinan adalah
terbentuk Kapan lega melakukan bukan datang?

Agustinus telah menemukan itu menderita Bisa memperdalam ketergantungan di dalam Cara-cara yang tidak pernah memberikan kenyamanan

PERCAYA TUHAN TANPA PENJELASAN

ADA SAAT-SAAT ketika Agustinus menginginkan jawaban. Alasan yang jelas. Segera. resolusi.

Tetapi Tuhan ditawarkan sesuatu kalau
tidak: kehadiran. Tidak penjelasan.
Bukan
melarikan
diri.
Kehadiran.

Agustinus belajar ke memercayai Tuhan tanpa memahami Dia sepenuhnya. Ke beristirahat di Tuhan karakter Kapan keadaan menolak interpretasi.

Mengapa Tuhan seringkali menahan penjelasan tetapi tidak

pernah menyembunyikan diri-Nya sendiri? Apa artinya percaya ketika kejelasan tidak ada?

Ini baik dari keyakinan adalah lebih tenang—tapi lebih kuat.

ITU PEMBENTUKAN DARI KEDALAMAN

NYERI DILUPAKAN JAUH Apa pengaruh bisa bukan.

Dia terpapar ketidaksabaran.
Hal itu mengungkap harapan
tersembunyi. Hal itu
meruntuhkan kepercayaan diri
yang dangkal.

Dan di dalam -nya tempat, sesuatu lebih dalam
tumbuh. Kasih sayang diperluas.
Kerendahhatian
Diperkuat.
Ketergantungan
semakin dalam.

Ajaran Agustinus semakin berbobot karena imannya telah diuji. Kata- katanya telah membawa otoritas Karena mereka telah pernah diuji.

Mengapa penderitaan sering kali mempersiapkan kita untuk pelayanan yang tidak kita duga? Bagaimana ketekunan membentuk kebijaksanaan?

KEYAKINAN ITU MELAKUKAN BUKAN TUNTUTAN HASIL

MUNGKIN ITU PALING MENONJOL menggeser muncul Di Sini: Agustinus berhenti mengukur iman berdasarkan hasil.

Dia belajar untuk patuh tanpa jaminan.
Untuk percaya tanpa batasan waktu.
Untuk bertahan tanpa rasa
dendam. Iman bukan lagi sebuah
transaksi. Itu adalah sebuah
hubungan.

Mengapa iman paling matang ketika tidak lagi menuntut bukti? ?

Apa terjadi Kapan ketaatan menjadi -nya memiliki hadiah?

Agustinus beristirahat—bukan karena keadaan membaik, tetapi karena Tuhan tetap ada. setia.

PERTANYAAN ITU MEMPERDALAM ITU PERJALANAN

MELAKUKAN BUKAN BERGEGAS INI:

- Apa nyeri memiliki Anda diasumsikan keyakinan sebaiknya menghapus?
- Di mana memiliki kekecewaan ditantang milikmu memercayai?
- Bisa Anda tetap setia tanpa segera lega ?
- Adalah milikmu ketaatan bersyarat pada Hasilnya?

Ini pertanyaan akan gema melalui itu renungan hari di depan.

APA ADALAH YANG AKAN DATANG BERIKUTNYA

AUGUSTINE KINI MEMASUKI tahun-tahun terakhir hidupnya—tahun-tahun yang ditandai dengan cerminan, warisan, Dan persiapan untuk keberangkatan.

Itu Berikutnya bab akan mengeksplorasi:

- Itu kebijaksanaan dari pandangan retrospektif
- Itu membentuk dari warisan
- Persiapan yang lain ke membawa itu keyakinan maju

Berkah akan Sekarang membentuk Agustinus sebagai A **finisher** , bukan hanya seorang pengikut.

BAB SEBELAS KEHIDUPAN DENGAN ITU AKHIR DI DALAM MELIHAT

TDi Sini datang A titik di dalam setiap kehidupan Kapan urgensi perubahan - nya nada.

Ambisi memberikan jalan ke perhatian.

Kecepatan kalah oleh kedalaman.

Prestasi memudar sebelum makna.

Agustinus telah masuk itu musim.

Dia tidak lagi mengukur hidupnya berdasarkan seberapa banyak yang bisa dia lakukan, tetapi berdasarkan seberapa setia dia bisa **menyelesaikannya** .

KAPAN ITU MASA DEPAN MEMPERPENDEK

USIA MEMILIKI A JALAN DARI KLARIFIKASI Apa anak muda pemandang

Agustinus dirasakan waktu berbeda Sekarang. Bukan sebagai tekanan, Tetapi sebagai perspektif. Tahun - tahun di depan adalah lebih sedikit dibandingkan itu bertahun-tahun di belakang. Apa tetap tinggal adalah TIDAK lebih panjang tentang menjadi—itu adalah tentang **mempercayakan** .

Dia telah melakukan
bukan tumbuh pasif. Dia
menjadi lebih terarah.

Mengapa kebijaksanaan sering datang ketika waktu terasa
terbatas? Apa perubahan Kapan Kami berhenti dengan
asumsi Kami memiliki "Nanti"?

Agustinus belajar ke hidup dengan itu akhir di dalam pandangan—tida dengan takut, Tetapi dengan setia.

PERGESERAN DARI SUARA KE KAPAL

Agustinus masih mengajar, masih menulis, masih menggembalakan. Tetapi sikapnya telah berubah. berubah.

Dia tidak lagi perlu didengarkan.

Dia ingin kebenaran tetap abadi.

Dia berinvestasi besar-besaran pada orang lain—membentuk para pemimpin, memperkuat komunitas, menjaga doktrin bukan melalui kontrol, Tetapi melalui kejelasan. Kekhawatirannya bergeser dari pengaruh ke **warisan** .

Apa adalah Kami bangunan itu akan
hidup lebih lama Kita? Apakah kita
membentuk orang—atau platform?

Agustinus memahami bahwa warisan bukanlah apa yang kita tinggalkan, tetapi siapa yang kita tinggalkan. siap.

MEMBUAT PERDAMAIAN DENGAN KETERBATASAN

ITU TUBUH MELEMAH. Energi meredup. Menderita ditinjau kembali.

Agustinus tidak menentang perubahan-perubahan ini. Ia menerimanya sebagai pengingat—bukan tentang kehilangan, tetapi tentang transisi. Harapannya tidak pernah bertumpu pada kekuatan. Harapannya bertumpu pada Kristus.

Mengapa melakukan Tuhan mengizinkan menolak ke membentuk keyakinan?
Seperti apakah wujud kepercayaan ketika kapasitas
menurun? (Penjelasan Agustinus) keyakinan telah
melakukan bukan menyusut dengan miliknya
kekuatan. Itu semakin dalam.

MENGINGAT BERKAH, BUKAN PENYESALAN

Jika menengok ke belakang, Agustinus tidak menyangkal kegagalannya. Ia mengingatnya —tetapi melalui kacamata penebusan.

Dia telah melakukan bukan
berlatih penyesalan. Dia
berlatih berdoa.

Setiap menunda, setiap kesalahan, setiap perlawanan menjadi bukti—tidak rasa malu, Tetapi dari belas kasihan. Tuhan telah bukan sia-sia miliknya kehidupan Tuhan telah ditebus dia.

Mengapa kasih karunia memungkinkan kita untuk mengingat tanpa penghakiman? Bagaimana rasa syukur menggantikan penyesalan?

Agustinus berserah pada kesetiaan Dia yang telah mengejarnya sejak awal.

PERSIAPAN UNTUK KEBERANGKATAN

Agustinus TELAH MELAKUKAN BUKAN TAKUT kematian.

Bukan Karena Dia adalah berani, Tetapi Karena Dia adalah berlabuh.

Harapannya bukanlah pada pekerjaannya, tulisannya, atau pengaruhnya. Harapannya terletak pada... Kristus—yang telah pernah lebih dekat ke dia dibandingkan Dia telah pernah pernah ke diri.

Mengapa melakukan keyakinan tumbuh tenang di dekat itu akhir?
Kehidupan seperti apa yang memungkinkan kepergian
yang damai? Agustinus telah hidup dengan jujur.
Dia telah menyerah
sepenuhnya. Dia telah
mempercayai
sepenuhnya.
Dan Sekarang, Dia menunggu.

PERTANYAAN UNTUK ITU TETAP PERJALANAN

MEMBAWA INI MAJU:

- Apa akan mengubah jika Anda hidup dengan itu akhir di dalam melihat?
- Apa adalah Anda bangunan itu akan tetap?
- Siapa adalah Anda dengan sengaja Sedang bersiap?
- Adalah Anda percaya Tuhan dengan milikmu keterbatasan sebagai banyak sebagai Apa kekuatanmu?

Ini pertanyaan akan menemani itu terakhir pergerakan dari cerita tersebut .

APA ADALAH YANG AKAN DATANG BERIKUTNYA

Agustinus KEHIDUPAN ADALAH menggambar ke -nya hampir—tapi miliknya pengaruh adalah jauh dari selesai.

Itu terakhir bab akan mencerminkan pada:

- A kehidupan membaca oleh generasi

- Buah itu hidup lebih lama itu pohon
- Apa dia cara ke menjadi A BENAR hidup surat

BAB DUA BELAS A KEHIDUPAN

MEMBACA OLEH SEMUA

Aagustinus kehidupan berakhir dengan tenang.

Di sana adalah TIDAK agung pernyataan.

TIDAK terakhir pertunjukan.

TIDAK percobaan ke melestarikan warisan.

Dan namun—miliknya kehidupan berlanjut ke berbicara.

Bukan Karena Dia dicari keabadian, Tetapi Karena Dia menyerah ke itu Dia yang kekal.

KAPAN A KEHIDUPAN MENJADI A SURAT

ITU RASUL PAUL MENULIS itu orang percaya adalah surat—ditulis bukan dengan tinta, Tetapi oleh itu Roh dari itu hidup Tuhan, diketahui Dan membaca oleh semua.

Agustinus menjadi satu dari itu huruf.

Bukan Karena Dia adalah tanpa cela.

Bukan Karena Dia adalah luar

biasa. Tapi karena dia

diserahkan ...

Miliknya kehidupan diberi tahu A cerita itu bisa menjadi membaca tanpa penjelasan:

- Itu berkah mengejar sebelum ketaatan dimulai
- Itu kebenaran menghadapi sebelum dia kenyamanan

- Itu menyerah mendahului istirahat
- Itu ketaatan membentuk ulang menginginkan
- Itu kesetiaan hidup lebih lama itu setia

Mengapa kehidupan yang penuh penyerahan diri berbicara lebih lantang daripada kehidupan yang sempurna? Apa membuat beberapa cerita menderita ketika yang lain memudar?

Agustinus kehidupan membosankan buah itu dibuat -nya akar bisa dilihat.

BUAH ITU BERTAHAN HIDUP LEBIH LAMA ITU POHON

Agustinus TELAH MELAKUKAN BUKAN HIDUP ke pengaruh berabad-abad.

Dia hidup ke mematuhi Tuhan.

Dan ketaatan dikalikan di luar miliknya seumur hidup.

Miliknya pengakuan telah memberi suara ke itu manusia berjuang dengan dosa Dan berkah. Ajaran- ajarannya membentuk pemahaman generasi demi generasi tentang cinta, hasrat, waktu, ingatan, dan Tuhan. Kejujurannya memberi izin bagi orang percaya untuk jujur di hadapan Tuhan, bukan sekadar berpura-pura.

Namun, Agustinus pasti akan menunjuk ke arah yang bukan dirinya sendiri. Buah itu bukanlah pencapaiannya.

Dia adalah Tuhan bekerja.

Mengapa Tuhan sering menggunakan kehidupan yang diserahkan sepenuhnya di luar kesadaran mereka? Buah apa yang mungkin tumbuh lama setelah kita tiada?

A CERITA ITU UNDANGAN TANGGAPAN

Agustinus KEHIDUPAN MELAKUKAN bukan bertanya ke menjadi kagum.

Dia bertanya ke menjadi dijawab.

Dia menghadapi setiap pembaca dengan tidak nyaman pertanyaan:

- Di mana adalah Anda menunda ketaatan?
- Apa keinginan tetap melawan menyerah?
- Apa kebenaran Mengerjakan Anda tahu Tetapi memiliki bukan belum Apakah dipatuhi?
- Apa akan penuh menghasilkan Lihat menyukai untuk Anda?

Ini adalah bukan historis pertanyaan.

Ini adalah pertanyaan yang sedang diajukan.

Agustinus cerita menjadi berbahaya hanya Kapan dia tetap A cerita.

DARI BIOGRAFI KE PEMURIDAN

DI SINILAH BIOGRAFI harus berakhir—dan perjalanan harus dimulai.

Halaman-halaman selanjutnya tidak akan menanyakan apa yang diyakini Agustinus. Halaman- halaman tersebut akan menanyakan apa yang akan Anda lakukan.

Setiap hari dari itu **40 Hari Hidup Surat-surat Renungan Perjalanan** akan ambil satu tema dari Agustinus kehidupan Dan berbelok dia ke dalam A cermin—melalui Kitab Suci, doa, refleksi, komitmen, dan pernyataan.

Anda akan bukan menjadi diminta ke meniru Agustinus.

Anda akan menjadi diundang ke **mengikuti Kristus** , sebagai Agustinus telah melakukan.

A TERAKHIR PERTANYAAN SEBELUM ITU PERJALANAN DIMULAI

Agustinus SEKALI MENULIS itu Tuhan adalah lebih dekat ke dia dibandingkan Dia adalah kepada dirinya sendiri.

Itu sama Tuhan adalah hadiah
sekarang apa adalah Dia menulis di
dalam milikmu hidup? Dan akan
Anda mengizinkan dia ke menjadi
membaca?

TRANSISI CATATAN KE ITU PEMBACA

ANDA MEMILIKI SEKARANG MEMBACA ITU cerita dari A kehidupan Tuhan ditolak ke meninggalkan.

Apa mengikuti adalah sebuah undangan—bukan ke mengamati, Tetapi ke berpartisipasi. Itu Berikutnya halaman dimulai **Hari Satu** dari itu 40 Hari Renungan.

Datang siap ke menjadi tertulis.

HIDUP SURAT-SURAT – 40 Hari Renungan

Seri - 1 Belajar DIMULAI... >>>>>

HARI SATU

A GELISAH JANTUNG TUHAN PENOLAKAN UNTUK DIABAIKAN

KEY FOKUS AYAT-AYAT ALKITAB

"Anda memiliki dibuat kita untuk Dirimu sendiri, HAI Yang mulia, Dan kita jantung adalah gelisah sampai ia beristirahat di dalam-Mu."

— *Pengakuan*

"Anda adalah kita surat tertulis di dalam kita hati, diketahui Dan membaca oleh semua laki-laki."

— 2 Korintus 3:2–3

"Untuk Kami WHO memiliki diyakini Mengerjakan memasuki itu istirahat... Di sana tetap Karena itu istirahat untuk itu rakyat dari Tuhan. Untuk Dia WHO memiliki masuk Miliknya istirahat memiliki diri juga berhenti dari miliknya karya sebagai Tuhan telah melakukan dari Miliknya."

— Ibrani 4:3–10

"Datang ke Aku, semua Anda WHO tenaga kerja Dan adalah berat sarat, Dan SAYA akan memberi kamu beristirahat."

— Matius 11:28

Agustinus HIDUP MOMEN

Sebelum menyerah, sebelum ketaatan, sebelum pengaruh, **Agustinus dari Kuda nil**

hidup dengan sebuah kerusuhan Dia bisa bukan menjelaskan atau melarikan diri.

Dia adalah cerdas.

Dia adalah Produktif. Dia dikagumi.

Belum miliknya jiwa tetap tinggal gelisah.

Agustinus tidak kekurangan pengalaman iman atau kesadaran spiritual.

Yang kurang darinya adalah... adalah **istirahat** —tidak fisik istirahat, Tetapi itu dalam istirahat itu datang dari keselarasan dengan Tuhan. Miliknya kehidupan adalah aktif, Tetapi miliknya jantung adalah terbagi. Dia bekerja keras secara batiniah bahkan saat berhasil secara lahiriah.

Tuhan telah melakukan bukan menghapus itu Kegelisahan. Dia memanfaatkannya.

Agustinus Nanti diwujudkan itu miliknya kerusuhan adalah bukan A tanda dari Tuhan ketiadaan, tetapi dari Tuhan **undangan** . Tuhan adalah panggilan dia keluar dari mandiri berusaha Dan menuju peristirahatan ilahi—peristirahatan yang dimulai bukan ketika hidup melambat, tetapi ketika jiwa menyerah.

KEHIDUPAN PELAJARAN

Alkitabiah istirahat adalah bukan Ketidakaktifan. Ini adalah **penyelarasan** .

Ibrani memberitahu kita itu Tuhan istirahat sudah ada—dan itu orang percaya *memasuki* Artinya, istirahat bukanlah sesuatu yang kita raih melalui usaha; melainkan sesuatu yang kita terima melalui penyerahan diri.

Kegelisahan sering tetap Kapan:

- Kami meyakini, Tetapi Mengerjakan bukan sepenuhnya menghasilkan
- Kami bekerja untuk Tuhan alih-alih dari beristirahat di dalam Tuhan
- Kami berjuang dengan kita memiliki kekuatan lebih tepatnya dibandingkan percaya Tuhan pekerjaan selesai

Tuhan memungkinkan kerusuhan ke terus berlanjut Kapan dia mengungkap daerah dari Kemandirian .

Kegelisahan berubah menjadi belas kasih ketika hal itu menuntun kita untuk berhenti berjuang dan mulai mengalah.

CERMIN MOMEN (PRIBADI CERMINAN)

Duduk dengan ini pertanyaan dengan penuh doa:

- Di mana adalah Anda aktif untuk Tuhan Tetapi bukan pada istirahat di dalam Dia?
- Apa batin tenaga kerja memiliki Tuhan pernah mengundang Anda ke melepaskan?
- Adalah Anda berusaha ke membuktikan sesuatu Tuhan memiliki Sudah dijanjikan?

Ibrani 4 mengingatkan kita bahwa istirahat datang ketika kita **berhenti dari pekerjaan kita sendiri** .

TINDAKAN UNTUK KETAATAN

Hari ini, praktik memasuki Tuhan istirahat dengan sengaja.

- Mengatur ke samping 10–15 menit di dalam kesunyian
- Membaca **Ibrani 4:3–10** perlahan-lahan, nyaring jika mungkin
- Bertanya itu Suci Roh:
  "Di mana pagi SAYA tetap berusaha alih-alih dari percaya?"

Menulis turun Apa itu Roh
mengungkapkan. Jangan
mengoreksinya. Terimalah.

KELOMPOK DISKUSI PERTANYAAN

1. Bagaimana melakukan Kitab Suci mendefinisikan istirahat berbeda dari budaya?
2. Apa adalah itu perbedaan di antara fisik istirahat Dan rohani istirahat?
3. Bagaimana Bisa berusaha ada bahkan di dalam keagamaan aktivitas?

DOA

Bapa, aku mengaku bahwa aku sering kali bekerja di tempat yang pekerjaan-Nya telah Engkau selesaikan .
Mengajar Saya ke memasuki Milikmu istirahat—tidak melalui upaya, Tetapi melalui Menyerah. Di mana hatiku terpecah, bawalah keselarasan.
Di mana SAYA pagi berusaha,
mengajar Saya ke Percaya. Aku
memilih untuk berserah kepada-Mu.
Amin.

KENABIAN PERNYATAAN

SAYA memasuki Tuhan istirahat oleh keyakinan.
SAYA berhenti dari mandiri berusaha.
-ku kehidupan menyelaraskan dengan Tuhan selesai bekerja.
SAYA pagi tertulis oleh itu Roh, bukan didorong oleh tekanan.

KOMITMEN KE KETAATAN

Hari ini, SAYA memilih istirahat lebih berusaha.
SAYA menghasilkan kontrol Di mana Tuhan
memiliki sudah diucapkan. Saya akan
memercayai Tuhan bekerja lagi
dibandingkan -ku upaya. **MELIHAT KE**

DEPAN HARI KEDUA

Agustinus kegelisahan telah melakukan bukan langsung memimpin dia ke dalam istirahat.

Dia dipimpin dia ke dalam **penundaan** — berbahaya kebiasaan dari penuh arti kebenaran Tetapi menunda ketaatan.

Besok Kami akan mengonfrontasi kebohongan itu terus banyak Umat beriman gelisah:

"Nanti akan menjadi lebih mudah."

HARI DUA

ITU BIAYA DARI MENUNDA DAN ITU BERBOHONG DARI "BELUM"

KEY FOKUS AYAT-AYAT ALKITAB

"Hari ini, jika Anda akan mendengar Miliknya suara, Mengerjakan bukan mengeras hatimu ."

— **Ibrani 3:7-8**

"Untuk Kami adalah Tuhan rekan pekerja... Sekarang adalah itu diterima waktu; melihat, Sekaranglah hari keselamatan."

— 1 Korintus 3:9; 2 Korintus 6:2

"Mengapa Mengerjakan Anda Tunggu? Bangkit Dan menjadi dibaptis Dan mencuci jauh milikmu dosa, menyerukan nama Tuhan."

— Kisah Para Rasul 22:16

"Siapapun tahu itu Kanan benda ke Mengerjakan Dan gagal ke Mengerjakan di: untuk dia dia adalah dosa."

— James 4:17

Agustinus HIDUP MOMEN

Agustinus tidak menolak Tuhan. Dia menunda kehadiran-Nya.

Panjang sebelum miliknya menyerah, Agustinus adalah yakin itu Kekristenan Itu benar. Dia mengagumi keindahannya. Dia menerima keterkaitannya. Dia bahkan menginginkan janji-janjinya.

Tetapi Dia terlambat ketaatan.

Dia berkata pada dirinya sendiri bahwa dia belum siap. Perubahan itu akan datang nanti. Pertumbuhan itu membutuhkan waktu. Penyerahan diri itu bisa menunggu.

Dan Jadi Dia berdoa A berbahaya

doa: Tidak belum.

Apa Agustinus telah melakukan bukan menyadari adalah itu menunda adalah membentuk dia sebagai Sama halnya dengan keputusan. Setiap penundaan ketaatan memperkuat kebiasaan. Setiap "nanti" memperdalam divisi. Setiap keraguan terlatih miliknya akan ke melawan.

Menunda adalah bukan netral.

KEHIDUPAN PELAJARAN

Menunda mengeras Apa ketaatan akan sembuh.

Kitab Suci tidak menganggap penundaan ketaatan sebagai kebijaksanaan. Kitab Suci menganggapnya sebagai bahaya. Ibrani memperingatkan bahwa hati menjadi keras bukan hanya karena pemberontakan, tetapi juga karena **penundaan** .

Itu suara dari Tuhan selalu berbicara di dalam itu
hadiah tegang. “Hari ini.”

Menunda meyakinkan kita itu waktu akan membuat ketaatan lebih mudah. Di dalam realitas, Penundaan memungkinkan pola-pola tersebut semakin mengakar, keterikatan semakin menguat, dan perlawanan menjadi hal yang normal.

Apa yang terasa seperti kesabaran mungkin sebenarnya adalah penghindaran. Apa yang terasa seperti kehati-hatian mungkin sebenarnya adalah ketakutan.

Apa terasa menyukai kebijaksanaan mungkin menjadi ketidakpercayaan.

CERMIN MOMEN (PRIBADI CERMINAN)

Mengambil waktu dengan ini pertanyaan:

- Apa memiliki Tuhan jelas lisan ke Anda itu Anda memiliki ditunda?
- Di mana memiliki Anda digunakan persiapan sebagai A pengganti untuk ketaatan?
- Apa biaya memiliki menunda sudah diproduksi di dalam milikmu kehidupan?

Melakukan bukan menjawab secara defensif. Menjawab Sejujurnya.

TINDAKAN UNTUK KETAATAN

Mengenali **satu spesifik ketaatan** Anda memiliki
Tertunda. Hari ini:

- Nama dia jelas
- Berdoa lebih dia secara singkat
- Mengambil satu konkret melangkah ke arahnya

Jangan menunggu rasa percaya diri datang. Ketaatan sering kali menghasilkan rasa percaya diri, bukan sebaliknya.

KELOMPOK DISKUSI PERTANYAAN

1. Mengapa melakukan menunda merasa lebih aman dibandingkan pembangkangan?
2. Bagaimana melakukan budaya memperkuat itu ide itu "Nanti" adalah bijak?
3. Apa adalah itu perbedaan di antara menunggu pada Tuhan Dan menghindari Tuhan?

DOA

Bapa, aku mengaku bahwa aku telah menunda ketaatan sambil meyakinkan diriku sendiri bahwa aku sedang berhati-hati.

Memaafkan Saya untuk itu waktu SAYA terlambat Apa Anda
dibuat Jelas. Lembutkan hatiku.
Ajari aku untuk menanggapi ketika Engkau berbicara—tanpa
tawar-menawar. Hari ini aku memilih ketaatan.
Amin.

KENABIAN PERNYATAAN

SAYA menanggapi Kapan Tuhan berbicara.
-ku jantung tetap lembut Dan
Responsif. Tunda kerugian -nya
kekuatan lebih -ku kehidupan.
Hari ini, SAYA mematuhi.

KOMITMEN KE KETAATAN

Hari ini, SAYA menolak itu berbohong dari "bukan belum."
Aku memilih ketaatan saat ini daripada niat di
masa depan. Aku akan bertindak pada Apa
Tuhan memiliki sudah terungkap.

MELIHAT DI DEPAN KE HARI TIGA

Agustinus menunda adalah bukan berakar di dalam ketidaktahuan—itu adalah berakar di dalam **keinginan yang terbagi** .

Besok Kami akan mengonfrontasi A Masalah yang lebih mendalam :

Apa terjadi Kapan Kami ingin Tuhan, Tetapi ingin sesuatu kalau tidak lagi?

HARI TIGA

ITU TERBAGI AKAN DAN ITU PERTEMPURAN KEINGINAN

KEY FOKUS AYAT-AYAT ALKITAB

"SAYA sukacita di dalam itu hukum dari Tuhan menurut ke itu batin pria, Tetapi SAYA lihat yang lain hukum di dalam -ku anggota, bermusuhan melawan itu hukum dari -ku pikiran."

— orang Romawi 7:22–23

"TIDAK satu Bisa melayani dua tuan-tuan."

— Matius 6:24

"Setiap satu adalah tergoda Kapan Dia adalah digambar jauh oleh miliknya memiliki keinginan dan tergoda."

— James 1:14

"Itu WHO milik ke Kristus Yesus memiliki disalibkan itu daging dengan -nya gairah dan keinginan."

— Orang Galatia 5:24

Agustinus HIDUP MOMEN

Perjuangan terbesar Agustinus bukanlah

ketidakpercayaan. Melainkan **perpecahan** .

Dia menginginkan

Tuhan. Dia

diinginkan

kekudusan.

Dia diinginkan kebebasan.

Dan pada itu sama waktu, Dia diinginkan kontrol, kesenangan, Dan keakraban.

Konflik batin ini menyiksanya. Dia menggambarkan kehendaknya sebagai terpecah—tertarik ke arah yang berlawanan. Satu bagian dari dirinya merindukan Tuhan; bagian lain dengan keras kepala berpegang teguh pada kebiasaan.

Agustinus telah melakukan bukan
kekurangan keyakinan. Dia
kurang selaras.

Itu tragedi adalah bukan itu Dia telah melakukan bukan tahu itu bagus—itu adalah itu mengetahui Bagus telah melakukan bukan belum menghasilkan itu akan ke memilih dia.

KEHIDUPAN PELAJARAN

A terbagi jantung menghasilkan terlambat ketaatan.

Menginginkan adalah kuat. Kitab Suci melakukan bukan hadiah menginginkan sebagai netral; dia Membentuk arah. Apa yang paling kita inginkan pada akhirnya akan menguasai kita.

Itu akan adalah bukan diperkuat oleh informasi sendiri. Dia adalah diperkuat oleh

diurutkan ulang Cinta .

Agustinus belajar itu itu pertempuran untuk ketaatan adalah bukan Pertama berjuang dalam perilaku, tetapi dalam kasih sayang. Sampai keinginan itu dihadapi, kepatuhan tetap rapuh. Kita Mengerjakan bukan memilih melawan kita terkuat keinginan—kita memilih **menurut ke dia** .

CERMIN MOMEN (PRIBADI CERMINAN)

Mengambil waktu dengan ini pertanyaan:

- Di bagian mana Anda merasakan ketegangan antara apa yang Anda ketahui dan apa yang Anda pilih?
- Apa menginginkan memiliki pernah bersaing dengan milikmu ketaatan ke Tuhan?
- Adalah Anda mencoba ke mematuhi Tuhan ketika tetap melindungi sesuatu kalau tidak?

Menjadi jujur. Tuhan sudah tahu.

TINDAKAN UNTUK KETAATAN

Identifikasi satu keinginan yang telah memecah belah hatimu. Hari ini:

- Nama dia sebelum Tuhan
- Mengakui -nya pengaruh Sejujurnya
- Bertanya Tuhan bukan hanya ke menahan dia, Tetapi ke **susun ulang milikmu Cinta**

Melakukan bukan berdoa untuk lebih

kuat Kemauan keras. Berdoa . untuk
lebih dalam kasih sayang untuk
Tuhan.

KELOMPOK DISKUSI PERTANYAAN

1. Mengapa melakukan pengetahuan sendiri gagal ke menghasilkan ketaatan?
2. Bagaimana melakukan budaya menormalkan terbagi keinginan?
3. Apa melakukan dia berarti ke menyalibkan A menginginkan lebih tepatnya dibandingkan mengelola dia?

DOA

Ayah, SAYA mengakui itu -ku jantung memiliki
pernah terbagi. Saya memiliki diinginkan Anda,
Tetapi bukan selalu Pertama.
Susun ulang -ku cinta.
Menggantikan bersaing keinginan dengan A lebih besar kasih
sayang untuk Engkau. Satukan hatiku untuk takut akan
nama-Mu.
Amin.

KENABIAN PERNYATAAN

-ku jantung adalah TIDAK
lebih lama terbagi. Aku
sepenuhnya milik Tuhan.
Setiap bersaing menginginkan adalah kekalahan
-nya otoritas. Kehendakku selaras dengan
kebenaran Tuhan.

KOMITMEN KE KETAATAN

Hari ini, SAYA memilih penyelarasan lebih
pemuasan nafsu. Aku menyerahkan
keinginan yang terpecah kepada Tuhan.
SAYA akan bukan melindungi Apa Tuhan adalah meminta Saya ke menyalibkan.

MELIHAT DI DEPAN KE HARI EMPAT

Agustinus terbagi akan dipimpin dia ke mencari **keyakinan sistem itu dimaafkan Keinginan itu justru menyembuhkannya** .

Besok Kami akan mengonfrontasi A berbahaya pengganti:
Agama itu menjelaskan dosa tanpa menghadapi dia.

HARI EMPAT

KAPAN KEYAKINAN MENJADI A PERSEMBUNYIAN

KEY FOKUS AYAT-AYAT ALKITAB

"Memiliki A membentuk dari kesalehan Tetapi menyangkal -nya kekuatan. Dan dari Orang-orang seperti itu akan berpaling."

— 2 Timotius 3:5

"Kamu menyelidiki Kitab Suci, karena di dalamnya kamu mengira kamu memiliki hidup kekal; dan ini adalah mereka yang bersaksi dari Aku. Tetapi Anda adalah bukan bersedia ke datang ke Aku agar kamu memiliki hidup."

— John 5:39–40

"Mereka mengakui ke tahu Tuhan, Tetapi di dalam karya mereka membantah Dia."

— Titus 1:16

"Keyakinan oleh diri, jika dia melakukan bukan memiliki bekerja, adalah mati."

— James 2:17

Agustinus HIDUP MOMEN

Ketika keinginan Agustinus yang terpecah menjadi tak tertahankan, dia tidak langsung menyerah.

Dia **berubah kepercayaan** .

Bukan karena sistem baru itu benar, tetapi karena sistem itu nyaman. Sistem itu memungkinkannya untuk berbicara tentang kebaikan dan kejahatan tanpa harus menghadapi keinginannya sendiri. telah memberi dia penjelasan alih-alih dari tobat, wawasan alih-alih dari ketaatan.

Agustinus telah melakukan bukan berhenti pembicaraan tentang Kebenaran.

Dia berhenti membiarkan kebenaran berbicara kepadanya.

Keyakinannya terdengar spiritual. Tampaknya rumit. Bahkan mengklaim moral kekhawatiran. Tetapi mereka diperlukan Tidak ada apa-apa dari miliknya akan.

Keyakinan menjadi A **pengungsian** —bukan dari dosa, Tetapi dari menyerah.

KEHIDUPAN PELAJARAN

Bukan semua keyakinan prospek ke kehidupan.

Beberapa sistem kepercayaan menjelaskan dosa alih-alih menghadapinya. Mereka menawarkan bahasa tanpa kekuasaan, pengetahuan tanpa ketaatan, dan agama tanpa tobat.

Kitab Suci memperingatkan kita bahwa mungkin saja seseorang mengenal kebenaran tetapi menolak transformasi. Kapan keyakinan TIDAK lebih lama tantangan menginginkan, dia berhenti makhluk kepercayaan dan menjadi **kamuflase** .

Iman sejati tidak hanya menafsirkan kondisi kita—tetapi juga **mengubahnya** . **MOMEN CERMIN (REFLEKSI PRIBADI)**

Duduk Sejujurnya dengan ini pertanyaan:

- Pernahkah Anda menggunakan teologi, doktrin, atau bahasa spiritual untuk menghindari ketaatan?
- Di mana mungkin milikmu kepercayaan kenyamanan Anda lagi dibandingkan mereka mengonfrontasi Anda?
- Adalah di sana setiap daerah Di mana keyakinan memiliki menjadi penjelasan alih-alih transformasi ?

Melakukan bukan menjawab secara defensif. Menjawab dengan penuh doa.

TINDAKAN UNTUK KETAATAN

Hari ini, meneliti satu keyakinan Anda memegang dengan saksama. Tanyakan:

- Melakukan ini keyakinan memimpin Saya ke arah ketaatan?
- Atau melakukan dia mengizinkan Saya ke tetap tidak berubah?

Undanglah Roh Kudus untuk menyingkapkan setiap tempat di mana kepercayaan telah menggantikan pertobatan.

Kemudian mengambil **satu konkret melangkah dari ketaatan** itu keyakinan memiliki terlambat.

KELOMPOK DISKUSI PERTANYAAN

1. Bagaimana Bisa agama menjadi A persembunyian tempat alih-alih dari A penyembuhan tempat?
2. Apa adalah itu perbedaan di antara penuh arti kebenaran Dan menghasilkan ke dia?
3. Mengapa adalah keyakinan sistem itu tuntutan Tidak ada apa-apa sering itu paling

menarik?

DOA

Ayah, aku mengaku bahwa terkadang aku bersembunyi di balik kepercayaan alih-alih tunduk pada kebenaran.

Singkapkan keyakinan apa pun yang menghiburku tanpa mengubahku. Singkirkan penjelasan yang melindungi ketidaktaatan.

Bimbinglah aku menuju iman yang hidup—iman yang taat. Amin.

KENABIAN PERNYATAAN

SAYA Mengerjakan bukan bersembunyi di belakang keyakinan. Imanku menghasilkan ketaatan dan transformasi. Kebenaran menghadapi Saya, menyembuhkan Saya, Dan prospek Saya ke dalam hidup. Aku berjalan di dalam itu kekuatan dari kesalehan, bukan -nya penampilan. **KOMITMEN KE KETAATAN**

Hari ini, saya berkomitmen untuk menghidupi iman, bukan sekadar kepercayaan yang bersifat formalitas. Saya akan membiarkan kebenaran menantang keinginan saya.

SAYA memilih tobat lebih penjelasan.

MELIHAT DI DEPAN KE HARI LIMA

Tempat persembunyian Agustinus akhirnya runtuh. Kebenaran sudah terlalu dekat untuk diabaikan.

Besok Kami akan mengonfrontasi A kritis momen:

Apa terjadi Kapan kebenaran adalah TIDAK lebih lama dapat dihindari—dan itu akan Harus memilih?

HARI LIMA

KETIKA KEBENARAN MENJADI TAK TERHINDARI

KEY FOKUS AYAT-AYAT ALKITAB

"Itu lampu memiliki datang ke dalam itu dunia, Dan pria dicintai kegelapan daripada lampu, Karena milik mereka perbuatan adalah kejahatan."

—John 3:19

"Untuk itu kata dari Tuhan adalah hidup Dan kuat... A orang yang bijaksana dari itu pikiran dan niat hati."

— Ibrani 4:12

"Bagaimana panjang akan Anda bimbang di antara dua Pendapat? Jika itu Yang mulia adalah Tuhan, Ikuti Dia."

— 1 Raja-raja 18:21

"Memilih untuk Kalian ini hari yang Anda akan melayani."

— Yosua 24:15

Agustinus HIDUP MOMEN

Ada suatu titik dalam kehidupan Agustinus ketika **penghindaran adalah TIDAK lebih lama mungkin** .

Argumen-argumen telah
runtuh. Sistem kepercayaan
telah gagal. Penundaan
telah hilang -nya kredibilitas.

Kebenaran berdiri sebelum dia—tidak sebagai sebuah ide ke mengevaluasi, Tetapi sebagai A panggilan ke mematuhi.

Agustinus bisa TIDAK lebih lama mengatakan Dia telah melakukan bukan memahami. Dia bisa TIDAK klaim yang lebih panjang Dia diperlukan lagi waktu. Kekristenan adalah TIDAK lebih lama A jauh pilihan; dia telah berubah menjadi konfrontasi langsung.

Itu masalah adalah TIDAK lebih lama Kebenaran. Masalahnya adalah **kemauan** .

Dan pada saat itu, Agustinus menyadari sesuatu yang menakutkan sekaligus membebaskan:

bukan memilih adalah diri A pilihan.

KEHIDUPAN PELAJARAN

Kebenaran pada akhirnya tuntutan A tanggapan.

Ada saatnya ketika cahaya lebih banyak mengungkap daripada menjelaskan. Saat Kitab Suci berhenti memberi informasi kepada pikiran dan mulai menghakimi hati. Saat kenetralan runtuh di bawah kejernihan.

Pada titik itu, penundaan berubah menjadi ketidaktaatan, dan keraguan berubah menjadi perlawanan.

Tuhan melakukan bukan memaksa itu akan—tetapi Dia menghapus ilusi.

Kapan kebenaran menjadi tak terhindarkan, itu hanya tersisa pertanyaan adalah bukan *"Apakah ini benar?"* tetapi *"Akankah aku patuh?"*

CERMIN MOMEN (PRIBADI CERMINAN)

Duduk diam-diam dengan ini pertanyaan:

- Apa kebenaran memiliki menjadi jernih di dalam milikmu kehidupan itu Anda adalah tetap menghindari?
- Di mana memiliki Tuhan DIHAPUS milikmu alasan Tetapi Anda memiliki bukan belum memberikan tanggapan?
- Adalah Anda kedudukan di dalam itu cahaya—atau kedudukan di dekat dia?

Menjadi jujur. Tuhan adalah sudah berbicara.

TINDAKAN UNTUK KETAATAN

Hari ini, Mengerjakan bukan bertanya Tuhan untuk lagi Kejelasan. Mintalah **keberanian kepada-Nya** .

- Mengenali satu daerah Di mana kebenaran memiliki menjadi jelas
- Berbicara dia nyaring ke Tuhan
- Mengatakan ini doa perlahan-lahan:

  "Yang mulia, SAYA akan TIDAK lebih lama menghindari Apa Anda memiliki dibuat jernih."

Kemudian mengambil satu melangkah dari ketaatan—namun kecil— *hari ini* .

KELOMPOK DISKUSI PERTANYAAN

1. Mengapa melakukan kejelasan Kadang-kadang meningkatkan perlawanan alih-alih dari ketaatan?
2. Bagaimana Bisa kedekatan ke kebenaran membuat itu ilusi dari keyakinan?
3. Apa terjadi Kapan orang percaya tetap bimbang untuk juga panjang?

DOA

Ayah, SAYA mengakui itu di sana adalah kebenaran SAYA memiliki berdiri di dekat Tetapi bukan melangkah ke dalam. Lepaskan jauh setiap mengizinkan itu terus Saya dari ketaatan.

Berikan aku keberanian di mana kejelasan sudah ada. Aku memilih lampu lebih kenyamanan, kebenaran lebih Tunda. Amin.

KENABIAN PERNYATAAN

Aku menanggapi kebenaran
dengan ketaatan. Aku tidak lagi
bersembunyi dalam keraguan.
Itu lampu dari Tuhan prospek -ku
langkah-langkah. Hari ini, aku
memilih Tuhan.

KOMITMEN KE KETAATAN

Hari ini, SAYA melakukan ke menanggapi Di mana Tuhan memiliki lisan Jelas sekali. Saya menolak netralitas dan penundaan.

SAYA memilih ketaatan Sekarang.

MELIHAT DI DEPAN KE HARI ENAM

Kapan kebenaran menjadi tak terhindarkan, Agustinus dicapai A pemecahan poin—bukan dari keyakinan, Tetapi dari **kekuatan** .

Besok Kami akan menghadapi A realitas banyak orang percaya bertemu:

Apa terjadi Kapan itu akan ingin ke patuh—tetapi terasa tak berdaya ke Mengerjakan

Jadi?

HARI ENAM

KETIKA KEMAUAN GAGAL DAN KASIH KARUNIA HARUS CAMPUR TANGAN

KEY FOKUS AYAT-AYAT ALKITAB

"Ke akan adalah hadiah dengan Saya, Tetapi Bagaimana ke melakukan Apa adalah Bagus SAYA Mengerjakan bukan menemukan."

— orang Romawi 7:18

"Ku berkah adalah memadai untuk Anda, untuk -ku kekuatan adalah dibuat sempurna dalam kelemahan."

— 2 Korintus 12:9

"Karena Allah-lah yang bekerja di dalam kamu, baik untuk berkehendak maupun untuk berbuat demi kebaikan-Nya." kesenangan."

— Filipi 2:13

"TIDAK satu Bisa datang ke Aku kecuali itu Ayah WHO terkirim Aku gambar dia."

— John Jam 6:44

Agustinus HIDUP MOMEN

Augustinus ingin patuh.

Itulah masalahnya.

Miliknya pikiran adalah yakin. Miliknya hati nurani adalah bangun. Miliknya menginginkan untuk Tuhan Itu nyata. Belum Kapan Dia dicoba ke mengubah, Dia telah menemukan A menyakitkan kebenaran: **menginginkan sendirian saja tidak cukup** .

Dia bisa nama Apa adalah

Benar. Dia bisa menjelaskan Apa

adalah Benar. Dia bisa saja

mendambakan kesucian.

Tetapi Dia bisa bukan membuat diri bebas.

Itu akan telah terbangun—tetapi kekuatan telah bukan tiba.

Inilah tempat di mana banyak orang percaya menjadi berkecil hati. Mereka salah mengartikan ketidakmampuan sebagai ketidakjujuran dan kelemahan sebagai kemunafikan. Agustinus mempelajari sesuatu. berbeda: ini momen adalah bukan kegagalan—itu adalah **persiapan** .

KEHIDUPAN PELAJARAN

Tekad tidak bisa menghasilkan transformasi.

Kitab Suci tidak pernah janji itu Kami akan mematuhi melalui kekuatan dari menyelesaikan. Janji itu menyatakan bahwa Tuhan sendiri bekerja di dalam kita—baik keinginan *maupun* kemampuan untuk taat.

Itu momen tekad gagal adalah bukan itu akhir dari itu perjalanan. Dia adalah sering pintu gerbang menuju rahmat.

Berkah adalah bukan Tuhan membantu Anda mencoba lebih sulit.

Berkah adalah Tuhan sedang mengerjakan di dalam Anda Apa Anda tidak bi Mengerjakan dirimu sendiri.

Sampai Kami mencapai itu akhir dari diri, Kami sering salah paham berkah.

CERMIN MOMEN (PRIBADI CERMINAN)

Duduk diam-diam dengan ini pertanyaan:

- Di mana memiliki Anda dicoba ke mematuhi Tuhan di dalam milikmu memiliki kekuatan?
- Apa kebiasaan atau pola memiliki menolak milikmu terbaik upaya?
- Apakah Anda menafsirkan kelemahan sebagai diskualifikasi dan bukan undangan?

Menjadi jujur. Ini adalah suci tanah.

TINDAKAN UNTUK KETAATAN

Hari ini, berhenti mencoba ke menaklukkan Apa Tuhan ingin ke **membawa** .

- Mengenali satu daerah Di mana Anda merasa tak berdaya
- Berbicara dia nyaring ke Tuhan tanpa tuduhan diri sendiri
- Berdoa ini kalimat perlahan:
  "Yang mulia, SAYA tidak bisa Mengerjakan ini tanpa Anda."

Kemudian istirahat. Berkah karya terbaik Di mana berusaha berhenti.

KELOMPOK DISKUSI PERTANYAAN

1. Mengapa Mengerjakan Kami melawan mengakui kelemahan?
2. Bagaimana melakukan usaha sendiri memutarbalikkan kita memahami dari berkah?
3. Apa melakukan dia berarti untuk Tuhan ke bekerja di dalam kita keduanya ke akan Dan ke Mengerjakan?

DOA

Ayah, SAYA mengakui itu SAYA memiliki dicoba ke mematuhi Anda
dengan -ku memiliki kekuatan. Saya memiliki mengandalkan pada
tekad Di mana SAYA diperlukan berkah.
SAYA membawa Anda -ku kelemahan—bukan sebagai sebuah
mengizinkan, Tetapi sebagai sebuah persembahan. Lakukanlah
dalam diriku apa yang tidak dapat kulakukan sendiri.
Amin.

KENABIAN PERNYATAAN

SAYA Mengerjakan bukan
mengandalkan pada -ku memiliki
kekuatan. Tuhan sedang bekerja
di dalam diriku.
Anugerah adalah mencapai apa yang tidak bisa
dilakukan oleh kemauan keras. Aku pagi makhluk
berubah oleh Tuhan kekuatan.

KOMITMEN KE KETAATAN

Hari ini, SAYA melepaskan usaha sendiri.
SAYA bergantung sepenuhnya pada itu berkah dari Tuhan.
SAYA akan mengizinkan Tuhan ke bekerja di dalam aku—keduanya ke akan Dan ke Mengerjakan.

MELIHAT DI DEPAN KE HARI TUJUH

Agustinus terobosan telah melakukan bukan datang melalui upaya—itu telah datang melalui

gangguan .

Besok Kami akan bertemu A mendefinisikan momen:

Kapan Tuhan berbicara, Dan perlawanan runtuh.

HARI TUJUH

AMBIL DAN BACA: KETIKA TUHAN MENGGANGGU PERJUANGAN

KEY FOKUS AYAT-AYAT ALKITAB

"Milikmu kata adalah A lampu ke -ku kaki Dan A lampu ke -ku jalur."

— Mazmur 119:105

"Untuk itu kata dari Tuhan adalah hidup Dan kuat... A orang yang bijaksana dari itu pikiran dan niat hati."

— Ibrani 4:12

"Jadi Kemudian keyakinan datang oleh pendengaran, Dan pendengaran oleh i kata dari Tuhan."

— orang Romawi 10:17

"Hari ini, jika Anda akan mendengar Miliknya suara, Mengerjakan bukan mengeras hatimu ."

— Ibrani Jam 3:15

Agustinus HIDUP MOMEN

Agustinus telah mencapai titik terendah

dalam hidupnya. Ia tidak lagi

memperdebatkan kebenaran.

Dia adalah TIDAK lebih lama menunda ketaatan.

Dia adalah TIDAK lebih lama berpura-pura kekuatan Dia telah melakukan bukan memiliki.

Dia menangis—bukan karena dia meragukan Tuhan, tetapi karena dia tidak bi mengubah dirinya sendiri.

Dan Kemudian Tuhan

terputus. Bukan dengan

guntur.

Tidak dengan

argumen. Tidak
dengan penjelasan.
Dengan suara.
"Mengambil Dan membaca."

Itu memerintah adalah sederhana. Dia ditawarkan TIDAK kenyamanan, TIDAK perundingan, Tidak ada alasan. Dia telah melakukan bukan bertanya Agustinus ke merasa siap—hanya ke menanggapi.

Berkah melakukan bukan selalu tiba
sebagai Kelegaan. Terkadang
kelegaan itu datang sebagai **arahan** .

KEHIDUPAN PELAJARAN

Terobosan sering datang Kapan berusaha berakhir.

Tuhan Kata adalah bukan hanya informasi—itu adalah **intervensi** . Kitab Suci tidak hanya memberi instruksi; ia juga menghentikan kekacauan batin dan menyelaraskan kembali kemauan.

Agustinus berjuang telah melakukan bukan akhir Karena Dia Akhirnya dicob lebih sulit. Dia berakhir karena Tuhan berbicara, Dan Agustinus menjawab.

Kapan Tuhan berbicara, ketaatan menjadi mungkin—tidak mungkin Karena kekuatan muncul, Tetapi Karena berkah mengaktifkan.

CERMIN MOMEN (PRIBADI CERMINAN)

Menjadi tetap dengan ini pertanyaan:

- Di mana memiliki Anda dicapai itu akhir dari milikmu memiliki kekuatan?
- Apa sederhana petunjuk mungkin Tuhan sudah menjadi memberi Anda?
- Adalah Anda menunggu untuk lega Kapan Tuhan adalah meminta untuk tanggapan?

Melakukan bukan bergegas. Mendengarkan.

TINDAKAN UNTUK KETAATAN

Hari ini, mengizinkan Tuhan Kata ke mengganggu Anda.

- Mengatur ke samping 15 menit tanpa gangguan
- Membuka Kitab Suci—bukan ke belajar, Tetapi ke **mendengar**
- Bertanya itu Suci Roh:

  "Apa adalah Anda meminta Saya ke Mengerjakan?"

Kapan kejelasan datang, bertindak—tanpa menunda.

KELOMPOK DISKUSI PERTANYAAN

1. Mengapa melakukan Tuhan sering berbicara hanya pada penentu momen-momen?
2. Bagaimana Bisa Kitab Suci fungsi sebagai gangguan lebih tepatnya dibandingkan informasi?

3. Apa terus kita dari menanggapi langsung Kapan Tuhan berbicara?

DOA

Ayah, SAYA terima kasih Anda itu Anda berbicara
Kapan SAYA pagi Lemah. Menginterupsi -ku
berusaha dengan Milikmu Kata.
Memberi Saya telinga ke mendengar Dan
keberanian ke menjawab. Saya memilih
ketaatan Kapan Anda berbicara.
Amin.

KENABIAN PERNYATAAN

Aku mendengar suara
Tuhan. Suara-Nya Kata
mengarahkan -ku tangga.
Berjuang memberikan jalan ke
Ketaatan. Anugerah .
memberdayakan -ku tanggapan.

KOMITMEN KE KETAATAN

Hari ini, SAYA melakukan ke menanggapi
Kapan Tuhan berbicara. Saya tidak akan
menunda atau bernegosiasi.
SAYA akan mematuhi itu Kata SAYA mendengar.

MELIHAT DI DEPAN KE HARI DELAPAN

Interupsi Agustinus keputusan menyebabkan mengarah **keputusan** — tetapi pada **pelepasan** .

Besok Kami akan mengonfrontasi itu biaya dari ketaatan:

Apa harus jatuh jauh Kapan berkah mengambil memegang?

HARI DELAPAN

KETIKA KASIH KARUNIA MENUNTUT PENOLAKAN

KEY FOKUS AYAT-AYAT ALKITAB

"Jika siapa pun keinginan ke datang setelah Aku, membiarkan dia membantah diri, Dan mengambil ke atas miliknya menyeberang sehari-hari, Dan mengikuti Aku."

— Lukas 9:23

"Meletakkan mati, tentang milikmu mantan mengadakan, itu tua pria yang semakin korup menurut ke itu bohong nafsu."

— Efesus 4:22

"Tetapi apa pun hal-hal adalah memperoleh ke Saya, ini SAYA memiliki terhitung kehilangan untuk Kristus."

— Filipi 3:7–8

"Membiarkan kita berbaring ke samping setiap berat, Dan itu dosa yang Jadi dengan mudah menjerat kita."

— Ibrani 12:1

Agustinus HIDUP MOMEN

Kapan berkah Akhirnya bangkrut melalui, **Agustinus dari Kuda nil** telah melakukan bukan hanya merasa dimaafkan.

Dia **berubah arah** .

Berkah telah melakukan bukan berunding dengan miliknya tua kehidupan. Dia telah melakukan bukan menawarkan hidup berdampingan. Itu menuntut penolakan. Agustinus dipahami itu menyerah dimaksudkan lebih dari sekadar kesepakatan internal—hal itu membutuhkan pemisahan yang nyata dari pola, ambisi, Dan lampiran itu bisa TIDAK lebih lama tetap.

Ini adalah bukan hukuman.

Itu adalah penyelarasan.
Berkah telah dibebaskan dia, Tetapi kebebasan diperlukan melepaskan.

KEHIDUPAN PELAJARAN

Berkah melakukan bukan hanya penyelamatan—itu pemesanan ulang.

Penolakan adalah bukan itu harga Kami membayar untuk berkah; dia adalah itu **buah** dari berkah. Ketika Tuhan menguasai hati, hal-hal tertentu tidak dapat lagi tetap berada di tempatnya—bukan karena hal-hal itu selalu tampak berdosa, tetapi karena hal-hal itu bersaing untuk mendapatkan otoritas.

Penolakan jawaban satu pertanyaan jelas:

Siapa adalah di dalam mengenakan biaya Sekarang?

Apa Kami menolak ke melepaskan pada akhirnya menolak kita ketaatan.

CERMIN MOMEN (PRIBADI CERMINAN)

Duduk Sejujurnya dengan ini pertanyaan:

- Apa telah melakukan berkah bebas Anda dari itu Anda adalah tetap memegang ke mana?
- Adakah hubungan, kebiasaan, atau ambisi yang menyaingi otoritas Tuhan?
- Apa memiliki Tuhan sudah disorot sebagai A "berat," bukan hanya A dosa?

Melakukan bukan membenarkan. Mendengarkan.

TINDAKAN UNTUK KETAATAN

Hari ini, berlatih dengan sengaja penolakan.

- Mengenali **satu benda** Tuhan adalah meminta Anda ke melepaskan
- Nama dia jelas sebelum Dia
- Mengambil A nyata melangkah ke melepaskan dari dia

Penolakan menjadi nyata Kapan dia adalah bertindak pada.

KELOMPOK DISKUSI PERTANYAAN

1. Mengapa melakukan penolakan merasa menyukai kehilangan bahkan Kapan dia prospek ke kebebasan?
2. Bagaimana Bisa Bagus hal-hal menjadi beban?
3. Apa adalah itu perbedaan di antara mengelola dosa Dan menyalibkan dia?

DOA

Ayah, SAYA terima kasih Anda untuk itu berkah itu memiliki sampai padaku. Memberi Saya keberanian ke melepaskan Apa TIDAK lebih lama milik di dalam -ku hidup. Aku memilih keselarasan daripada keterikatan.

SAYA menyerah sepenuhnya—
tidak Sebagian. Amin.

KENABIAN PERNYATAAN

Berkah mengatur -ku kehidupan.
Setiap bersaing lampiran adalah kekalahan -nya memegang.
SAYA berjalan bebas Karena SAYA memiliki dilepaskan Apa sekali melompat Aku. Hanya Kristuslah Tuhan.

KOMITMEN KE KETAATAN

Hari ini, SAYA meninggalkan Apa Tuhan memiliki Saya telah teridentifikasi. Saya tidak akan berpegang teguh pada apa yang telah dilampaui oleh kasih karunia. Saya memilih kebebasan melalui menyerah.

MELIHAT DI DEPAN KE HARI SEMBILAN

Pelepasan menciptakan ruang—tetapi ruang itu harus **diisi** . Besok Kami akan mengeksplorasi Apa mengikuti melepaskan:

Apa terjadi Kapan Tuhan dimulai ke susun ulang menginginkan Dan membangun disiplin ilmu baru ?

HARI SEMBILAN

KETIKA TUHAN MENATA ULANG KEINGINAN DAN MEMBANGUN KEBIASAAN BARU

KEY FOKUS AYAT-AYAT ALKITAB

"Sukacita dirimu sendiri Juga di dalam itu Yang mulia, Dan Dia sebaiknya memberi Anda itu keinginan hatimu."

— Mazmur 37:4

"Menjadi berubah oleh itu memperbarui dari milikmu pikiran."

— orang Romawi 12:2

"Itu WHO milik ke Kristus Yesus memiliki disalibkan itu daging dengan -nya gairah dan keinginan."

— Orang Galatia 5:24

"Disiplin dirimu sendiri untuk itu tujuan dari kesalehan."

— 1 Timotius 4:7

Agustinus HIDUP MOMEN

Setelah melepaskan diri dari dunia, **Agustinus dari Hippo** tidak menganggap pertempuran telah berakhir.

Berkah telah dibebaskan dia—tapi kebebasan telah ke menjadi **terbentuk** .

Itu tua keinginan telah melakukan bukan menghilang semalam. Itu perbedaan adalah itu mereka tidak lagi memutuskan. Agustinus dipahami itu Tuhan melakukan bukan hanya menghapus Keinginan berdosa; Dia **menata kembali cinta** . Apa yang dulu mendominasi hati digantikan oleh sesuatu yang lain. lebih besar.

Ini menyusun ulang diperlukan maksud. Agustinus dipeluk doa, Kitab Suci, dan ritme yang teratur—bukan sebagai kewajiban agama, tetapi sebagai jalan bagi rahmat untuk membentuk naluri baru.

Kebebasan adalah Sekarang makhluk terlatih.

KEHIDUPAN PELAJARAN

Tuhan mengubah kita oleh membentuk ulang Apa Kami Cinta.

Keinginan tidak lenyap—melainkan dialihkan. Kehidupan Kristen bukanlah penindasan kerinduan, melainkan penanaman kasih sayang yang kudus. Apa yang merebut hati pada akhirnya akan mengatur perilaku.

Kebiasaan baru bukanlah upaya untuk mendapatkan rahmat. Kebiasaan baru bukanlah upaya untuk mendapatkan rahmat. adalah tanggapan ke berkah.

Disiplin menciptakan ruang angkasa untuk menginginkan ke mengubah.

CERMIN MOMEN (PRIBADI CERMINAN)

Mencerminkan dengan penuh doa:

- Apa keinginan memiliki Tuhan sudah dimulai ke menggeser di dalam Anda?
- Yang tua kebiasaan adalah TIDAK lebih lama berkuasa, Tetapi tetap hadiah?
- Apa baru praktik bisa memperkuat milikmu penyelarasan dengan Tuhan?

Melakukan bukan membenci kecil Permulaan. Pembentukan adalah bertahap.

TINDAKAN UNTUK KETAATAN

Hari ini, mendirikan **satu suci kebiasaan** . Pilih satu:

- A mengatur waktu untuk doa
- Sehari-hari Kitab Suci membaca
- Kesunyian Dan cerminan
- Disengaja akuntabilitas

Melakukan ke dia untuk itu Berikutnya tujuh hari—tidak sempurna, Tetapi dengan setia.

KELOMPOK DISKUSI PERTANYAAN

1. Mengapa melakukan disiplin merasa bersifat membatasi sebelum dia terasa membebaskan?
2. Bagaimana Mengerjakan kebiasaan membentuk menginginkan Seiring waktu?
3. Apa praktik memiliki paling membantu Anda tetap selaras dengan Tuhan?

DOA

Ayah, terima kasih Anda untuk membebaskan Saya oleh Milikmu berkah.

Mengajar Saya ke Cinta Apa Anda Cinta.
Menata ulang keinginan saya dan melatih naluri saya menuju kesalehan. Membangun kebiasaan di dalam -ku kehidupan itu menyimpan Saya selaras dengan Anda.
Amin.

KENABIAN PERNYATAAN

-ku keinginan adalah makhluk diurutkan ulang oleh Tuhan. Aku bersukacita dalam Tuhan di atas segala sesuatu.
Kebiasaan-kebiasaan baru terbentuk yang memperkuat iman saya. Saya mengalami transformasi setiap hari.

KOMITMEN KE KETAATAN

Hari ini, SAYA melakukan ke berdisiplin penyelarasan.
SAYA akan mengolah kebiasaan itu memelihara -ku kesetiaan ke Tuhan. Aku memilih pembentukan karakter daripada keakraban.

MELIHAT DI DEPAN KE HARI SEPULUH

Sebagai Agustinus keinginan adalah diurutkan ulang, Tuhan dimulai ke **mempercayakan dia dengan penuh tanggung jawab** .

Besok Kami akan mengeksplorasi A tidak mabuk kebenaran:
Kebebasan adalah bukan itu akhir—pengelolaan mengikuti berkah.

HARI SEPULUH

KETIKA KASIH KARUNIA MEMPERCAYAKAN TANGGUNG JAWAB

KEY FOKUS AYAT-AYAT ALKITAB

"Ke yang banyak adalah diberikan, dari dia banyak akan menjadi diperlukan."

— Lukas 12:48

"Lebih-lebih lagi dia adalah diperlukan di dalam pengurus itu satu menjadi ditemukan setia."

— 1 Korintus 4:2

"Menjadi pelaku dari itu kata, Dan bukan pendengar hanya."

— James 1:22

"Kami adalah duta besar untuk Kristus."

— 2 Korintus Jam 5:20

Agustinus HIDUP MOMEN

Sebagai berkah diurutkan ulang miliknya keinginan Dan stabil miliknya ketaatan, **Agustinus Kota Hippo** memasuki musim baru.

Tuhan dimulai ke **mempercayakan dia dengan tanggung jawab** .

Agustinus tidak mencari pengaruh. Ia mencari kesetiaan. Namun, tanggung jawab mengikuti transformasi. Kata-katanya memiliki bobot. Perilakunya diamati. Ketaatannya mulai memengaruhi orang lain.

Anugerah bukan hanya menyelamatkannya. Anugerah juga telah memposisikannya.

Pergeseran ini menyadarkan. Agustinus memahami bahwa kebebasan bukanlah izin. ke hidup dengan santai—itu adalah A panggilan ke hidup **dengan hati-hati** . Miliknya kehidupan adalah TIDAK Tidak lagi bersifat pribadi. Itu sedang dibaca.

KEHIDUPAN PELAJARAN

Berkah selalu prospek ke tata kelola.

Tuhan melakukan bukan bebas kita Jadi Kami Bisa kembali ke mandiri hidup. Dia membebaskan kita agar kita dapat mewakili Dia dengan baik. Setiap karunia kasih karunia membawa tugas—baik yang terlihat maupun yang tersembunyi.

Tanggung jawab bukanlah tekanan. Tanggung jawab adalah kepercayaan.

Ketika Tuhan mempercayakan tanggung jawab, Dia tidak menuntut kesempurnaan—Dia menyerukan **kesetiaan** .

CERMIN MOMEN (PRIBADI CERMINAN)

Mencerminkan Sejujurnya:

- Di mana memiliki Tuhan sudah dipercayakan Anda dengan pengaruh?
- Siapa adalah terpengaruh oleh milikmu ketaatan atau pembangkangan?
- Memiliki Anda diperlakukan berkah sebagai lega alih-alih dari tanggung jawab?

Membiarkan ini pertanyaan mencari milikmu jantung.

TINDAKAN UNTUK KETAATAN

Hari ini, mengenali **satu daerah dari tata kelola** di dalam milikmu hidup. Mungkin saja:

- A hubungan
- A peran
- A hadiah
- A kesaksian

Bertanya Tuhan:

"Bagaimana Bisa SAYA mewakili Anda dengan setia Di Sini?"

Kemudian mengambil satu disengaja tindakan itu mencerminkan Kristus.

KELOMPOK DISKUSI PERTANYAAN

1. Mengapa Mengerjakan Kami Kadang-kadang melawan tanggung jawab setelah kebebasan?

2. Bagaimana melakukan tata kelola berbeda dari tekanan?
3. Apa melakukan dia berarti ke hidup sebagai A bisa dilihat perwakilan dari Kristus?

DOA

Ayah, terima kasih Anda untuk itu berkah itu memiliki berubah Saya. Mengajar Saya ke membawa tanggung jawab dengan kerendahhatian Dan Kesetiaan. Tolong Saya mewakili Anda Sehat di dalam setiap tempat Anda memiliki dipercayakan ke aku . memilih tata kelola lebih kenyamanan.

Amin.

KENABIAN PERNYATAAN

SAYA pagi A setia pelayan dari Tuhan berkah.
Hidupku mencerminkan Kristus di mana pun aku berada. Tanggung jawab mempertajam ketaatanku.
SAYA hidup sebagai sebuah duta besar dari Kristus.

KOMITMEN KE KETAATAN

Hari ini, SAYA melakukan ke setia tata kelola.
SAYA akan hidup dengan sengaja, penuh arti -ku kehidupan adalah membaca oleh yang lain. Saya memilih kesetiaan di dalam Apa Tuhan memiliki dipercayakan ke Saya.

MELIHAT DI DEPAN KE HARI SEBELAS

Sebagai tanggung jawab ditingkatkan, Agustinus telah menemukan A baru tantangan:

Bagaimana Mengerjakan Anda tetap rendah hati Kapan pengaruh tumbuh?

Besok Kami akan mengonfrontasi A tak kentara bahaya:

Kapan kegunaan mengancam ketergantungan pada Tuhan.

HARI SEBELAS

ITU BAHAYA DARI KEGUNAAN TANPA KETERGANTUNGAN

KEY FOKUS AYAT-AYAT ALKITAB

"Tanpa Aku Anda Bisa Mengerjakan Tidak ada apa-apa."

—John 15:5

"Membiarkan dia WHO berpikir Dia berdiri mengambil mengindahkan jangan sampai Dia jatuh."

— 1 Korintus 10:12

"Kami memiliki ini harta karun di dalam tanah kapal, itu itu keunggulan dari itu kekuatan mungkin menjadi dari Tuhan Dan bukan dari kita."

— 2 Korintus 4:7

"Bukan itu Kami adalah memadai dari diri... Tetapi kita kecukupan adalah dari Tuhan."

— 2 Korintus 3:5

Agustinus HIDUP MOMEN

Sebagai tanggung jawab ditingkatkan, **Agustinus dari Kuda nil** menjadi semakin bermanfaat.

Rakyat

mendengarkan.

Kehidupan adalah

Terbentuk.

Kebenaran adalah

diklarifikasi.

Dan itu adalah dengan tepat itu bahaya.

Agustinus memahami bahwa kebermanfaatan dapat secara diam-diam menggantikan ketergantungan jika kewaspadaan hilang. Karunia yang diberikan Tuhan sendiri dapat menjadi pengganti Tuhan itu sendiri.

Pengaruh dapat meredam keputusasaan. Keakraban dengan kebenaran dapat mengurangi rasa haus akan rahmat.

Agustinus menolak ini melayang dengan sengaja. Dia diingat juga jelas Siapakah dia sebelumnya tanpa anugerah. Dia menolak untuk lebih mempercayai intuisinya daripada hadirat Tuhan .

Kegunaan tidak membuatnya
terkesan. Ketergantunganlah yang
menjadi jangkar baginya.

KEHIDUPAN PELAJARAN

Tuhan keinginan ketergantungan lagi dibandingkan kegunaan.

Keberhasilan tanpa ketergantungan adalah tidak berkelanjutan. Kitab Suci mengajar bahwa cabang tersebut tidak menghasilkan buah dengan usaha, tetapi dengan tetap terhubung dengan tanaman anggur.

Kegunaan menjadi berbahaya Kapan:

- Kami mengandalkan pada pemberian hadiah alih-alih dari berkah
- Kami pengganti aktivitas untuk keintiman
- Kami memercayai pengalaman lagi dibandingkan Tuhan

Ketergantungan menjaga saluran tetap terbuka. Tanpa itu, bahkan perbuatan baik pun menjadi hampa.

CERMIN MOMEN (PRIBADI CERMINAN)

Mencerminkan dengan hati-hati:

- Di mana memiliki Tuhan dibuat Anda efektif atau bermanfaat?
- Memiliki efektivitas berkurang milikmu nalar dari membutuhkan untuk Tuhan?
- Adalah Anda mengandalkan pada masa lalu pertemuan alih-alih dari hadiah ketergantungan?

Membiarkan ini pertanyaan kalibrasi ulang milikmu jantung.

TINDAKAN UNTUK KETAATAN

Hari ini, praktik **disengaja ketergantungan** .

- Berhenti sebentar sebelum setiap tugas penting
- Mengakui Tuhan secara lisan:
  "Yang mulia, SAYA membutuhkan Anda untuk ini."
- Menolak ke mengandalkan semata-mata

pada pengalaman atau Ketergantungan

keterampilan adalah bukan kelemahan—itu adalah kebijaksanaan.

KELOMPOK DISKUSI PERTANYAAN

1. Mengapa melakukan kegunaan sering melemahkan ketergantungan?
2. Bagaimana Bisa rohani kesuksesan membuat rohani kerentanan?
3. Apa praktik membantu menjaga keintiman dengan Tuhan Di tengah tanggung jawab?

DOA

Ayah, SAYA mengakui itu SAYA Kadang-kadang mengandalkan pada Apa Anda memiliki diberikan Saya alih-alih pada-Mu.

Memulihkan -ku ketergantungan.

Mengajar Saya ke tetap terhubung ke Anda di dalam semua Saya memilih keintiman daripada kemandirian.

Amin.

KENABIAN PERNYATAAN

SAYA tetap bergantung pada Tuhan.

-ku kecukupan adalah bukan di dalam -ku kemampuan Tetapi di dalam Miliknya Kasih karunia.

Buah mengalir dari keintiman, bukan dari usaha.

SAYA tinggal di dalam Kristus sehari-hari.

KOMITMEN KE KETAATAN

Hari ini, SAYA melakukan ke kekal di dalam Kristus. SAYA akan bukan memercayai -ku kegunaan lagi dibandingkan Tuhan kehadiran. Saya memilih ketergantungan pada setiap panggung dari keberhasilan.

MELIHAT DI DEPAN KE HARI DUA BELAS

Sebagai Agustinus tetap tinggal bergantung, Tuhan diizinkan dia ke menghadapi sesuatu yang lebih dalam daripada kegunaan atau kegagalan:

Koreksi.

Besok Kami akan mengonfrontasi A pengilangan kebenaran:

Bagaimana melakukan A setia pelayan menerima koreksi tanpa perlawanan?

HARI DUA BELAS

KETIKA TUHAN MEMPERBAIKI ORANG-ORANG YANG DIA PERCAYAI

KEY FOKUS AYAT-AYAT ALKITAB

"Untuk yang itu Yang mulia cinta Dia menghukum, Dan malapetaka setiap putra yang Dia terima."

— Ibrani 12:6

"Sebagai banyak sebagai SAYA Cinta, SAYA menegur Dan menghukum. Karena itu menjadi tekun Dan menyesali."

— Wahyu 3:19

"Membiarkan A adil pria memukul Saya; dia sebaiknya menjadi A kebaikan."

— Mazmur 141:5

"Segala Kitab Suci diilhami oleh Allah dan bermanfaat untuk pengajaran, karena teguran, untuk koreksi, untuk petunjuk di dalam kebenaran."

— 2 Timotius 3:16

Agustinus HIDUP MOMEN

Seiring bertambahnya pengaruh dan tanggung jawab **Agustinus dari Hippo** , **Tuhan tidak** menghilangkan teguran dari hidupnya.

Dia **ditingkatkan dia** .

Koreksi telah datang melalui Kitab

Suci. Melalui suara-suara yang

terpercaya.

Melalui keadaan itu terpapar buta bintik-bintik.

Agustinus tidak menafsirkan koreksi sebagai penolakan. Ia menganggapnya sebagai **bukti. dari memercayai** . Tuhan mengoreksi Apa Dia bermaksud ke menyimpan. Dia disiplin ilmu apa yang rencananya akan Dia gunakan.

Alih-alih melawan, Agustinus malah

mencondongkan tubuh. Koreksi telah melakukan bukan mengurangi miliknya Otoritas. Ia menyempurnakannya.

KEHIDUPAN PELAJARAN

Koreksi adalah A tanda dari hubungan anak, bukan kegagalan.

Mereka yang dibiarkan Tuhan tanpa dikoreksi bukanlah sedang dipersiapkan—mereka sedang... kiri sendiri. Kitab Suci membuat dia jernih: koreksi adalah bukti dari hubungan.

Rohani kematangan adalah bukan terungkap oleh itu ketiadaan dari koreksi, Tetapi oleh itu **tanggapan** ke dia.

Koreksi merendahkan kesombongan, mempertajam daya penghakiman, dan memelihara keberkahan.

CERMIN MOMEN (PRIBADI CERMINAN)

Mencerminkan Sejujurnya:

- Bagaimana Mengerjakan Anda biasanya menanggapi ke koreksi?
- Melakukan Anda menerima menegur secara defensif atau dengan cermat?
- Memiliki Tuhan pernah menyoroti sebuah daerah itu memerlukan pengaturan?

Melakukan bukan bergegas masa lalu pengakuan. Menerima dia sebagai Cinta.

TINDAKAN UNTUK KETAATAN

Hari ini, praktik **kemampuan untuk diajar** .

- Mengundang Tuhan ke mencari milikmu jantung (Mazmur 139:23–24)
- Mendengarkan dengan hati-hati ke Kitab Suci Dan nasihat
- Jika koreksi adalah jernih, menanggapi tanpa menunda

Koreksi beruang buah Kapan dia adalah bertindak pada.

KELOMPOK DISKUSI PERTANYAAN

1. Mengapa melakukan koreksi merasa mengancam ke itu ego?
2. Bagaimana Bisa koreksi melestarikan jangka panjang keberhasilan?
3. Apa membedakan saleh koreksi dari penghukuman?

DOA

Ayah, terima kasih Anda untuk penuh kasih Saya cukup ke
benar Saya. Hapus sikap defensif dari -ku jantung.
Mengajar Saya ke menerima petunjuk dengan kerendahhatian Dan rasa syukur.

Membentuk Saya ke dalam A kapal
Anda Bisa kepercayaan. Amin.

KENABIAN PERNYATAAN

SAYA menerima Tuhan koreksi dengan
Kerendahan hati. Koreksi memurnikan saya; bukan
menolak saya.
SAYA tumbuh lebih kuat melalui Tuhan penuh
kasih disiplin. Saya tetap bersedia diajar di
hadapan Tuhan.

KOMITMEN KE KETAATAN

Hari ini, saya berkomitmen untuk menerima koreksi tanpa
perlawanan . akan menanggapi dengan cepat Di mana
Tuhan narapidana Saya.
SAYA memilih pertumbuhan lebih kebanggaan.

MELIHAT DI DEPAN KE HARI TIGABELAS

Sebagai Agustinus dikirim ke koreksi, Tuhan dimulai ke memperdalam sesuatu yang penting untuk kepemimpinan dan keberlangsungan karier:

Kasih sayang.

Besok Kami akan mengeksplorasi:

Bagaimana kerusakan menjadi A sumber dari kelembutan lebih tepatnya dibandingkan kepahitan.

HARI TIGABELAS

DARI KERUSAKAN KE KASIH SAYANG

KEY FOKUS AYAT-AYAT ALKITAB

"Diberkati adalah itu Maha Pengasih, untuk mereka sebaiknya memperoleh belas kasihan."

— Matius 5:7

"Hiburlah orang-orang yang sedang dalam kesusahan dengan penghiburan yang kita terima dari Allah."

— 2 Korintus 1:4

"Ingat itu WHO adalah melompat, sebagai jika melompat dengan mereka."

— Ibrani 13:3

"A memar buluh Dia akan bukan merusak."

— Yesaya 42:3

Agustinus HIDUP MOMEN

Sebagai **Agustinus dari Kuda nil** matang di dalam keyakinan, sesuatu diam Tetapi Hal yang luar biasa telah terjadi.

Miliknya masa lalu berhenti menuduh dia—dan dimulai **menginstruksikan dia**
.

Agustinus tidak melupakan siapa dirinya sebelumnya. Ia membiarkan rahmat menafsirkan kembali kisahnya. Kegagalan yang dulunya menimbulkan rasa malu kini menghasilkan empati . sama perjuangan itu sekali diperbudak dia Sekarang membantu dia mengenali nyeri pada yang lain.

Dia mengoreksi kesalahan tanpa
kekejaman. Dia dihadapkan dosa
tanpa penghinaan.
Dia membimbing yang lemah tanpa
ketidaksabaran. Keterpurukan, sembuh oleh berkah,
menjadi kasih sayang.

KEHIDUPAN PELAJARAN

Sembuh kerusakan menghasilkan kelembutan, bukan keunggulan.

Tuhan melakukan bukan menghapus kita masa lalu; Dia menebus dia. Kapan kerusakan adalah diserahkan kepada berkah, dia menjadi A menjembatani lebih tepatnya dibandingkan A penghalang. Kasih sayang adalah dilahirkan bukan dari kejauhan, tetapi dari ingatan.

Itu WHO lupa Di mana mereka adalah diselamatkan dari sering kehilangan kesabaran bersama orang lain.

Itu WHO Ingat menjadi lembut tanpa menjadi permisif.

CERMIN MOMEN (PRIBADI CERMINAN)

Mencerminkan dengan penuh doa:

- Apa bagian-bagian dari milikmu masa lalu memiliki Tuhan sudah Ditebus?
- Di mana mungkin milikmu sembuh luka menjadi dimaksudkan ke melayan yang lain?
- Melakukan Anda benar yang lain dengan kesabaran atau frustrasi?

Bertanya Tuhan ke meluruskan milikmu jantung dengan Miliknya.

TINDAKAN UNTUK KETAATAN

Hari ini, praktik **disengaja kasih sayang** .

- Mengenali satu orang WHO adalah berjuang
- Menanggapi dengan kesabaran lebih tepatnya dibandingkan keputusan
- Menawarkan kehadiran, doa, atau dorongan

Membiarkan berkah mengalir ke luar sebagai dia sekali mengalir ke Anda.

KELOMPOK DISKUSI PERTANYAAN

1. Bagaimana Bisa mengingat kita masa lalu melindungi kita dari rohani kebanggaan?
2. Apa adalah itu perbedaan di antara kasih sayang Dan kompromi?
3. Bagaimana melakukan Tuhan menggunakan kita cerita ke melayani yang lain

DOA

Ayah, terima kasih Anda untuk menebus -ku Keterpecahan. Ajarkan Saya ke memperpanjang itu sama belas kasihan SAYA memiliki diterima. Jagalah hatiku dari kekerasan.

Membiarkan kasih sayang mengalir melalui Saya sebagai bukti dari Milikmu rahmat. Amin.

KENABIAN PERNYATAAN

-ku jantung mencerminkan itu belas kasihan dari Tuhan. Berkah memiliki berubah -ku kerusakan ke dalam belas kasihan. Saya menanggapi ke yang lain dengan kesabaran Dan Cinta.

Itu belas kasihan SAYA memiliki diterima, SAYA dengan bebas memberi.

KOMITMEN KE KETAATAN

Hari ini, SAYA melakukan ke sedang berjalan dengan penuh belas kasihan. SAYA akan bukan lupa Di mana Tuhan diselamatkan Saya dari. Saya memilih kelembutan berbentuk oleh kebenaran.

MELIHAT DI DEPAN KE HARI EMPAT BELAS

Sebagai kasih sayang semakin dalam, Agustinus bertemu A baru Ketegangan: **Bagaimana Mengerjakan Anda Cinta rakyat dalam tanpa kekalahan kejelasan dari Benar?** Besok kita akan membahasnya:

Memegang kebenaran Dan Cinta tanpa kompromi.

HARI KEBENARAN EMPAT BELAS LISAN DI DALAM CINTA

KEY FOKUS AYAT-AYAT ALKITAB

"Berbicara itu kebenaran di dalam Cinta, Kami mungkin tumbuh ke atas di dalam semua hal-hal ke dalam Dialah kepala—Kristus."

— Efesus Jam 4:15

"Membiarkan milikmu pidato selalu menjadi dengan berkah, berpengalaman dengan garam."

— Kolose 4:6

"Setia adalah itu luka dari A teman."

— Amsal 27:6

"Itu kebijaksanaan itu adalah dari di atas adalah Pertama murni, Kemudian damai lembut."

— James 3:17

Agustinus HIDUP MOMEN

Sebagai **Agustinus dari Kuda nil** dewasa, Dia adalah makin ditelepon ke menghadapi kesalahan, kebingungan, Dan dosa—keduanya di dalam individu Dan di dalam itu Gereja.

Dia tahu bahaya kebenaran yang pahit. Dia Juga tahu itu bahaya dari diam Cinta.

Agustinus telah hidup pada keduanya sisi. Dia telah sekali pernah dikoreksi tanpa belas kasihan Dan telah menolak dia. Sekarang, berbentuk oleh berkah, Dia belajar ke berbicara kebenaran dalam A jalan itu diundang tobat lebih tepatnya dibandingkan sikap defensif.

Dia telah melakukan bukan mencairkan kebenaran ke melestarikan perdamaian

Dia telah melakukan bukan mempersenjatai kebenaran ke menegaskan kendali. Dia berbicara sebagai satu WHO telah pernah sembuh.

KEHIDUPAN PELAJARAN

Kebenaran dan cinta bukanlah hal yang berlawanan; keduanya adalah mitra. Kebenaran tanpa cinta akan menjadi kekejaman.

Cinta tanpa kebenaran menjadi kompromi.

Rohani kematangan adalah terungkap bukan oleh menghindari keras percakapan, Tetapi melalui **cara** kita berinteraksi dengan mereka. Kitab Suci mengajarkan bahwa pertumbuhan terjadi ketika kebenaran diucapkan dengan kerendahan hati, kesabaran, dan kepedulian yang tulus terhadap pemulihan orang lain .

Cinta menentukan **nadanya** .

Kebenaran menentukan **arah** .

CERMIN MOMEN (PRIBADI CERMINAN)

Mencerminkan Sejujurnya:

- Melakukan Anda menghindari kebenaran ke menyimpan perdamaian?
- Atau Mengerjakan Anda berbicara kebenaran tanpa pandangan untuk kelembutan?
- Bagaimana melakukan milikmu nada mencerminkan milikmu jantung?

Mengundang Tuhan ke mencari keduanya milikmu kata-kata Dan motif Anda .

TINDAKAN UNTUK KETAATAN

Hari ini, praktik **jujur Cinta** .

- Mengenali satu percakapan Anda memiliki dihindari atau salah penanganan
- Berdoa untuk kerendahhatian Dan kejelasan
- Jika sesuai, mengambil satu melangkah ke arah jujur, dialog yang ramah

Melakukan bukan tujuan ke menang. Tujuan ke memulihkan.

KELOMPOK DISKUSI PERTANYAAN

1. Mengapa adalah dia sulit ke memegang kebenaran Dan Cinta bersama?
2. Bagaimana melakukan takut pengaruh kita komunikasi?
3. Apa membedakan saleh koreksi dari pribadi kritik?

DOA

Ayah, mengajar Saya ke berbicara kebenaran sebagai Anda Mengerjakan. Menghapus kekerasan dari -ku kata-kata Dan takut dari -ku Ketaatan. Biarkan Cinta membentuk -ku nada Dan kebenaran memandu -ku pesan.

Menggunakan -ku kata-kata ke

sembuh, bukan bahaya. Amin.

KENABIAN PERNYATAAN

-ku kata-kata mencerminkan itu jantung dari Kristus. Aku menyampaikan kebenaran dengan kasih dan kejelasan.

Tuhan menggunakan -ku suara ke membawa restorasi.

SAYA tumbuh di dalam kematangan melalui patuh komunikasi.

KOMITMEN KE KETAATAN

Hari ini, SAYA melakukan ke berbicara kebenaran di dalam Cinta. Saya tidak akan menghindari kejujuran atau meninggalkan belas kasih. Saya memilih komunikasi yang meneladani Kristus.

MELIHAT DI DEPAN KE HARI LIMABELAS

Sebagai Agustinus (lanjutan) ke memimpin, Dia menghadapi lain tantangan:

Apa terjadi Kapan ketaatan biaya reputasi, kenyamanan, atau keamanan?

Besok Kami akan mengeksplorasi:

Perhitungan itu biaya tanpa mundur dari kesetiaan.

HARI LIMABELAS

ITU BIAYA DARI SETIA KETAATAN

KEY FOKUS AYAT-AYAT ALKITAB

"Siapapun melakukan bukan beruang miliknya menyeberang Dan datang setelah Aku tidak bisa menjadi -ku murid."

— Lukas 14:27

"Ya, Dan semua WHO menginginkan ke hidup saleh di dalam Kristus Yesus akan menderita penganiayaan."

— 2 Timotius 3:12

"Membiarkan kita pergi keempat ke Dia, di luar itu kamp, bantalan Miliknya mencela."

— Ibrani 13:13

"Untuk Apa akan dia laba A pria jika Dia keuntungan itu utuh dunia, Dan kerugian miliknya jiwa sendiri ?"

— Tanda 8:36

Agustinus HIDUP MOMEN

Seperti yang dikatakan **Agustinus dari Hippo** semakin setia, ketaatan mulai menuntut pengorbanan lebih besar daripada usaha yang dikeluarkannya.

Dia biaya dia kenyamanan. Itu mengorbankan ketenangannya.

Dia biaya dia persetujuan.

Memperjuangkan kebenaran mendatangkan perlawanan. Menggembalakan dengan setia mendatangkan kesalahpahaman. Penolakan kompromi diundang kritik. Agustinus mengetahui bahwa ketaatan melakukan bukan selalu memimpin ke tepuk tangan—seringkali, dia prospek ke isolasi.

Belum Dia telah melakukan bukan mundur.

Dia telah sudah belajar itu kompromi biaya lagi dibandingkan ketaatan akan selalu begitu.

KEHIDUPAN PELAJARAN

Ketaatan selalu membawa A biaya—tetapi pembangkangan biaya lagi.

Yesus tidak pernah bersembunyi itu harga dari Pemuridan. Itu panggilan ke mengikuti Dia termasuk kesediaan ke kehilangan Apa tidak bisa menjadi disimpan di dalam memesan ke memperoleh Apa tidak bisa menjadi hilang.

Setia ketaatan tes Apa Kami sungguh-sungguh nilai:

- Reputasi atau kebenaran
- Kenyamanan atau panggilan
- Penerimaan atau kesetiaan

Kapan ketaatan menjadi mahal, dia mengungkapkan WHO Kami melayani.

CERMIN MOMEN (PRIBADI CERMINAN)

Mencerminkan Sejujurnya:

- Di mana memiliki ketaatan sudah biaya Anda sesuatu?
- Apa kehilangan adalah Anda paling takut dari jika kamu mengikuti Tuhan sepenuhnya?
- Memiliki Anda pernah dihindari ketaatan ke melindungi kenyamanan atau reputasi?

Membiarkan ini pertanyaan permukaan kebenaran tanpa takut.

TINDAKAN UNTUK KETAATAN

Hari ini, mengakui itu biaya—tetapi memilih ketaatan Bagaimanapun.

- Mengenali satu daerah Di mana ketaatan terasa mahal
- Nama itu takut terlampir ke dia
- Menyerah itu takut ke Tuhan dengan sengaja

Kesetiaan tumbuh Kapan ketaatan adalah terpilih meskipun biaya.

KELOMPOK DISKUSI PERTANYAAN

1. Mengapa Mengerjakan Kami mengharapkan ketaatan ke menjadi nyaman?
2. Bagaimana melakukan takut dari kehilangan membentuk kita keputusan?
3. Apa membantu orang percaya menderita itu biaya dari kesetiaan?

DOA

Ayah, SAYA mengakui itu SAYA Kadang-kadang takut itu biaya dari Ketaatan. Kuatkan tekadku untuk mengikuti-Mu tanpa mempedulikan harga yang harus dibayar. Tolonglah aku . Saya nilai kesetiaan di atas kenyamanan.

SAYA memilih kesetiaan ke Anda di atas semua lainnya. Amin.

KENABIAN PERNYATAAN

SAYA memilih ketaatan lebih kenyamanan. Itu biaya dari kesetiaan akan bukan menghalangi Aku. Tuhan adalah -ku hadiah, bukan persetujuan dari yang lain. Saya sepenuhnya mengikuti Kristus.

KOMITMEN KE KETAATAN

Hari ini, SAYA melakukan ke setia ketaatan. Aku tidak akan mundur ketika ketaatan menjadi sesuatu yang mahal . memilih itu menyeberang lebih kompromi.

MELIHAT DI DEPAN KE HARI ENAMBELAS

Sebagai Agustinus bertahan itu biaya dari ketaatan, Tuhan diperkuat dia dengan sesuatu penting:

Kegigihan.

Besok Kami akan mengeksplorasi:

Bagaimana kesetiaan adalah berkelanjutan Kapan ketaatan menjadi A panjang jalan.

HARI ENAMBELAS

ITU BERKAH KE BERTEKUN

KEY FOKUS AYAT-AYAT ALKITAB

"Membiarkan kita berlari dengan ketahanan itu balapan itu adalah mengatur sebelum kita."

— Ibrani 12:1

"Dia WHO bertahan ke itu akhir sebaiknya menjadi diselamatkan."

— Matius 24:13

"Dan membiarkan kita bukan tumbuh lelah ketika sedang mengerjakan Bagus, untuk di dalam jatuh tempo musim Kami akan menuai jika Kami Mengerjakan bukan kehilangan jantung."

— Orang Galatia 6:9

"Menjadi setia sampai kematian, Dan SAYA akan memberi Anda itu mahkota dari kehidupan."

— Wahyu 2:10

Agustinus HIDUP MOMEN

Ketaatan tidak menjadi lebih mudah seiring berjalannya waktu bagi **Agustinus. dari Kuda nil** . Itu menjadi **lebih panjang** .

Itu lebih awal intensitas dari menyerah telah memberi jalan ke sehari-hari kesetiaan. Di sana Tidak ada titik balik yang dramatis—hanya konsistensi. Mengajar. Membimbing. Mengoreksi. Berdoa. Bertahan.

Agustinus belajar itu transformasi adalah bukan berkelanjutan oleh gairah sendiri. Dia berkelanjutan oleh **diberdayakan oleh kasih karunia kegigihan** .

Di sana adalah hari dari kelelahan. Hari-hari Kapan oposisi dirasakan berat. Hari-hari ketika kemajuan tampak lambat. Belum Agustinus tetap—tidak Karena Dia adalah kuat, tetapi karena Allah setia.

KEHIDUPAN PELAJARAN

Kegigihan adalah berkah diungkapkan lebih waktu.

Banyak orang percaya memulai dengan baik tetapi menjadi lelah ketika ketaatan menjadi berulang-ulang. Dan tak terlihat. Kitab Suci mengingatkan kita itu ketahanan adalah bukan opsional— ini penting.

Tuhan melakukan bukan bertanya kita
ke menjadi Spektakuler. Dia meminta
kita untuk setia.

Kegigihan adalah bukan keras kepala upaya; dia adalah (lanjutan) ketergantungan pada Keanggunan muncul saat kekuatan memudar.

CERMIN MOMEN (PRIBADI CERMINAN)

Mencerminkan Sejujurnya:

- Di mana memiliki Anda dewasa lelah di dalam ketaatan?
- Apa kesetiaan terasa tidak disadari atau tidak mendapat imbalan?
- Memiliki Anda salah kelambatan untuk kegagalan?

Membiarkan Tuhan membingkai ulang milikmu perspektif.

TINDAKAN UNTUK KETAATAN

Hari ini, berkomitmen ulang ke **konsisten kesetiaan** .

- Mengenali satu daerah Di mana Anda memiliki dirasakan lelah atau berke hati
- Membawa dia sebelum Tuhan Sejujurnya
- Memilih ke lanjutkan—tanpa menunggu untuk diperbarui emosi

Ketahanan sering mendahului pembaruan.

KELOMPOK DISKUSI PERTANYAAN

1. Mengapa adalah kegigihan lebih sulit dibandingkan memulai Sehat?
2. Bagaimana melakukan ketahanan membentuk rohani kematangan?
3. Apa praktik membantu orang percaya tetap setia lebih waktu?

DOA

Ayah, SAYA mengakui itu SAYA Kadang-kadang tumbuh lelah
di dalam sedang mengerjakan Bagus. Perkuat Saya dengan

Milikmu berkah ke menderita.

Mengajar Saya ke memercayai itu proses Anda adalah bekerja di dalam -ku kehidupan.

SAYA memilih kesetiaan lebih
perasaan. Amin.

KENABIAN PERNYATAAN

SAYA berlari -ku balapan
dengan ketahanan. Tuhan
berkah mempertahankan
Saya sehari-hari.
SAYA Mengerjakan bukan tumbuh lelah atau kehilangan jantung.
SAYA menyelesaikan Apa Tuhan memiliki dipercayakan ke Saya.

KOMITMEN KE KETAATAN

Hari ini, SAYA melakukan ke kegigihan.
SAYA akan tetap setia bahkan Kapan kemajuan
terasa lambat. Saya memercayai Tuhan pengaturan
waktu Dan Miliknya bekerja di dalam Saya.

MELIHAT DI DEPAN KE HARI TUJUHBELAS

Sebagai kegigihan semakin dalam, Agustinus belajar lain penting kebenaran:
Kesetiaan melakukan bukan menghapuskan rohani oposisi.
Besok Kami akan mengeksplorasi:
Bagaimana ke berdiri tegas Kapan perlawanan semakin intensif.

HARI TUJUH BELAS

BERDIRI TEGAS DI BAWAH

TEKANAN

KEY FOKUS AYAT-AYAT ALKITAB

"Menjadi tidak mabuk, menjadi waspada; Karena milikmu musuh itu iblis berjalan kaki seperti singa yang mengaum."

— 1 Petrus 5:8

"Memiliki Selesai semua, ke berdiri."

— Efesus Jam 6:13

"Di dalam itu dunia Anda akan memiliki kesengsaraan; Tetapi menjadi dari Bagus bersorak, SAYA telah menaklukkan dunia."

— John 16:33

"Melawan itu iblis Dan Dia akan kabur dari Anda."

— James 4:7

Agustinus HIDUP MOMEN

Saat **Agustinus dari Hippo** tetap setia, perlawanan tidak lenyap—melainkan **berubah bentuk** .

Di sana adalah luar tekanan: kritik, salah paham, perlawanan menuju kebenaran.

Ada tekanan internal: kelelahan, keputusasaan, godaan untuk melunak. pengakuan.

Agustinus memahami bahwa perlawanan spiritual sering kali meningkat ketika ketaatan konsisten. Kesetiaan tidak memancing tepuk tangan dari kegelapan—melainkan memicu perlawanan.

Namun Agustinus tidak menafsirkan tekanan sebagai kegagalan. Ia justru mengenalinya sebagai penegasan.

KEHIDUPAN PELAJARAN

Tekanan melakukan bukan berarti Anda adalah mati kursus.

Sering, dia cara Anda adalah tepat Di mana Anda sebaiknya menjadi.

Kitab Suci mengajar itu rohani perlawanan adalah bagian dari itu Kristen perjalanan. Itu musuh melakukan bukan menolak Apa pose TIDAK ancaman. Kedudukan tegas adalah bukan tentang kemajuan agresif—itu adalah tentang **penolakan ke mundur** .

Kemenangan tidak selalu berarti bergerak maju. Terkadang dia adalah hanya **tersisa setia** .

CERMIN MOMEN (PRIBADI CERMINAN)

Mencerminkan Sejujurnya:

- Di mana memiliki Anda dirasakan tekanan Karena dari ketaatan?
- Perlawanan apa yang paling menggoda Anda—untuk menyerah, berkompromi, atau berkembang? lelah?
- Memiliki Anda salah oposisi untuk Tuhan ketidaksetujuan?

Membiarkan Tuhan membingkai ulang itu berjuang.

TINDAKAN UNTUK KETAATAN

Hari ini, praktik **disengaja kekencangan** .

- Mengenali satu daerah Di mana tekanan memiliki tergoda Anda untuk mundur
- Menegaskan kembali milikmu ketaatan sebelum Tuhan
- Menyatakan nyaring:
  "SAYA akan berdiri."

Kedudukan adalah sebuah bertindak dari keyakinan.

KELOMPOK DISKUSI PERTANYAAN

1. Mengapa melakukan kesetiaan sering menarik perlawanan?
2. Bagaimana Bisa orang percaya melihat di antara koreksi Dan oposisi?
3. Apa membantu Anda tetap stabil di bawah rohani tekanan?

DOA

Ayah, memperkuat Saya ke berdiri tegas.
Berilah aku kebijaksanaan untuk mengenali perlawanan tanpa rasa takut. Berikanlah aku pakaian Saya dengan keberanian, ketahanan, Dan memercayai di dalam Anda.
Aku tidak akan mundur dari ketaatan. Amin.

KENABIAN PERNYATAAN

SAYA berdiri tegas dalam iman.
Tekanan tidak akan menggoyahkan ketaatanku. Milik Tuhan kekuatan mempertahankan Saya di bawah perlawanan.
Aku tetap setia di setiap musim.

KOMITMEN KE KETAATAN

Hari ini, SAYA melakukan ke kedudukan tegas.
SAYA akan bukan kompromi di bawah tekanan.
SAYA memercayai Tuhan ke mempertahankan Saya sebagai SAYA Tetaplah setia.

MELIHAT DI DEPAN KE HARI DELAPAN BELAS

Sebagai Agustinus berdiri tegas, Dia telah menemukan sesuatu yang penting:

Perlawanan Bisa memperdalam kebijaksanaan jika Kami mendengarkan Sehat.

Besok Kami akan mengeksplorasi:

Bagaimana Tuhan menggunakan konflik Dan tantangan ke mengasah kearifan.

HARI DELAPAN BELAS

KEBIJAKSANAAN YANG

TERBENTUK DALAM KONFLIK

KEY FOKUS AYAT-AYAT ALKITAB

"Jika setiap dari Anda kekurangan kebijaksanaan, membiarkan dia bertany dari Tuhan."

—James 1:5

"Itu kebijaksanaan itu adalah dari di atas adalah Pertama murni, Kemudian damai, lembut, bersedia untuk menghasilkan, penuh dari belas kasihan Dan Bagus buah-buahan."

—James 3:17

"Untuk besi mempertajam besi, Jadi A pria mempertajam itu wajah dari miliknya teman."

—Amsal 27:17

"Meskipun Dia adalah A Putra, belum Dia belajar ketaatan oleh itu hal-hal yan Dia menderita."

—Ibrani 5:8

Agustinus HIDUP MOMEN

Konflik menjadi satu dari Tuhan paling efektif guru di dalam itu kehidupan dari

Agustinus dari Kuda nil .

Perselisihan menguji kesabarannya.

Oposisi mempertajam

pemikirannya. Kritik mengungkap

motifnya.

Agustinus belajar bahwa kebijaksanaan tidak terbentuk dalam kenyamanan, tetapi dalam **keterlibatan** . Konflik dipaksa dia ke meneliti Kitab

Suci lagi dalam, berdoa lebih jujur, Dan mendengarkan lagi dengan hati-hati. Dia dilucuti jauh impulsif tanggapan dan menggantinya dengan kebijaksanaan.

Dia telah menemukan itu bereaksi dengan cepat sering melemahkan kebenaran, Tetapi Memberikan respons yang bijak akan memperkuatnya.

KEHIDUPAN PELAJARAN

Kebijaksanaan tumbuh Di mana kerendahhatian mendengarkan.

Konflik mengungkapkan Apa pengetahuan sendiri tidak bisa. Dia mengungkap kebanggaan, memperjelas keyakinan, dan memaksa orang yang beriman untuk membedakan antara reaksi dan respons.

Tuhan sering menggunakan ketegangan ke:

- Mengasah kearifan
- Memurnikan motif
- Memperdalam pemahaman

Kebijaksanaan adalah bukan itu ketiadaan dari konflik—itu adalah itu kemampuan ke tetap setia, rendah hati, dan jelas di dalamnya.

CERMIN MOMEN (PRIBADI CERMINAN)

Mencerminkan dengan penuh doa:

- Bagaimana biasanya Anda menanggapi konflik—secara defensif atau bijaksana?
- Apa terkini ketegangan mungkin Tuhan menjadi menggunakan ke menyaring milikmu kebijaksanaan?
- Adalah Anda lagi ingin sekali ke menjadi Kanan atau ke menjadi setia?

Membiarkan itu Roh mencari milikmu jantung.

TINDAKAN UNTUK KETAATAN

Hari ini, memilih A **bijak tanggapan** lebih A cepat reaksi.

- Mengenali A saat ini konflik atau pertentangan
- Berhenti sebentar sebelum menanggapi
- Bertanya Tuhan untuk kebijaksanaan sebelum berbicara atau berakting

Kebijaksanaan sering mengungkapkan diri di dalam pengekangan.

KELOMPOK DISKUSI PERTANYAAN

1. Mengapa melakukan konflik membuka rohani kematangan?
2. Bagaimana Bisa ketegangan memperdalam kebijaksanaan alih-alih dari kepahitan?

3. Apa praktik membantu orang percaya menanggapi dengan bijak di bawah tekanan?

DOA

Ayah, SAYA bertanya Anda untuk kebijaksanaan.
Mengajar Saya ke mendengarkan sebelum menanggapi.
Gunakan konflik untuk memurnikan hatiku dan
memperjelas keyakinanku. Biarkan Milikmu
kebijaksanaan memandu -ku kata-kata Dan tindakan.
Amin.

KENABIAN PERNYATAAN

Aku menerima hikmat dari
Tuhan. Konflik mempertajam daya
pengambil keputusanku.
SAYA menanggapi dengan kejelasan,
kerendahhatian, Dan kasih karunia.
Tuhan kebijaksanaan mengatur -ku
kehidupan.

KOMITMEN KE KETAATAN

Hari ini, saya bertekad untuk merespons
dengan bijaksana. Saya akan bukan
mengizinkan konflik ke mengeras -ku
jantung.
SAYA memilih kearifan lebih reaksi.

MELIHAT DI DEPAN KE HARI SEMBILAN BELAS

Sebagai Agustinus tumbuh di dalam kebijaksanaan, Tuhan dipercayakan dia dengan sesuatu lebih berat:

Itu peduli dari jiwa.

Besok Kami akan mengeksplorasi:

Apa dia cara ke membawa tanggung jawab untuk yang lain sebelum Tuhan.

HARI SEMBILAN BELAS

MEMBAWA JIWA, BUKAN HANYA OPINI

KEY FOKUS AYAT-AYAT ALKITAB

"Mematuhi itu WHO aturan lebih Anda, Dan menjadi penurut, untuk mereka jam tangan keluar untuk milikmu jiwa-jiwa, sebagai itu WHO harus memberi akun."

— Ibrani 13:17

"Gembala itu kawanan dari Tuhan yang adalah di antara Anda."

— 1 Petrus 5:2

"Beruang satu milik orang lain beban, Dan Jadi memenuhi itu hukum dari Kristus."

— Orang Galatia 6:2

"Siapa adalah memadai untuk hal-hal ini ?"

— 2 Korintus 2:16

Agustinus HIDUP MOMEN

Seiring bertambahnya kebijaksanaan dan pengaruh **Agustinus dari Hippo** , ia semakin menyadari sebuah kebenaran yang menyedihkan:

Dia tidak lagi hanya berurusan dengan ide-

ide. Dia berurusan dengan **orang-orang** .

Setiap kata Dia diajari berbentuk hati nurani.

Setiap keputusan memengaruhi kehidupan.

Setiap kompromi—atau kejelasan—telah konsekuensi di luar diri.

Agustinus menyadari bahwa kepemimpinan spiritual bukanlah tentang memenangkan argumen atau mempertahankan posisi. Ini tentang **membawa jiwa-jiwa ke hadapan Tuhan** . Kesadaran ini sangat merendahkan hatinya. Beban tanggung jawab tidak meningkatkan kepercayaan dirinya; justru meningkatkan ketergantungannya.

Dia dipahami itu pendapat Bisa menjadi diperdebatkan—tetapi jiwa harus menjadi **digembalakan** .

KEHIDUPAN PELAJARAN

Tuhan mempercayakan rakyat, bukan platform.

Seseorang bisa bersemangat tentang kebenaran tetapi ceroboh terhadap orang lain. Kitab Suci secara konsisten memperingatkan bahwa kepemimpinan dan pengaruh diukur bukan hanya dari kebenaran semata, tetapi juga dari **kepedulian** .

Membawa jiwa cara:

- Mendengarkan sebelum berbicara
- Porsi sebelum menegaskan
- Berdoa sebelum berakting

Pengaruh tanpa Cinta menjadi kendali.
Kebenaran tanpa kepedulian menjadi
beban.
Tuhan panggilan Miliknya pelayan ke gembala hati, bukan hanya negara hukuman.

CERMIN MOMEN (PRIBADI CERMINAN)

Mencerminkan Sejujurnya:

- Siapa memiliki Tuhan dipercayakan ke milikmu pengaruh?
- Melakukan Anda melihat rakyat sebagai tanggung jawab atau gangguan?
- Adalah milikmu kata-kata berbentuk lagi oleh pengakuan atau oleh peduli?

Membiarkan ini pertanyaan mencari milikmu motif.

TINDAKAN UNTUK KETAATAN

Hari ini, praktik **disengaja penggembalaan** .

- Mengenali satu orang Tuhan memiliki ditempatkan di dalam milikmu peduli atau pengaruh
- Berdoa untuk mereka secara khusus oleh nama
- Mencapai keluar dengan dorongan, mendengarkan, atau mendukung

Membawa jiwa dimulai dengan Perhatian.

KELOMPOK DISKUSI PERTANYAAN

1. Mengapa adalah dia lebih mudah ke membela pendapat dibandingkan ke peduli untuk rakyat?
2. Bagaimana melakukan rohani tanggung jawab memperdalam kerendahhatian?

3. Praktik apa yang membantu para pemimpin tetap menjadi penggembala dan bukan pengendali?

DOA

Bapa, ingatkan aku bahwa manusia lebih penting daripada perdebatan. Ajari aku untuk menghargai hati dengan kerendahan hati dan kepedulian.

Penjaga Saya dari kebanggaan, kekerasan, atau pengabaian.

Bantulah aku untuk menggembalakan dengan setia apa yang telah Engkau percayakan kepadaku. Amin.

KENABIAN PERNYATAAN

Aku membimbing orang dengan kerendahan hati dan kasih sayang. Tuhan mempercayakan jiwa-jiwa kepadaku, bukan hanya ide-ide . pengaruh mencerminkan itu jantung dari Kristus.

SAYA gembala dengan setia Apa Tuhan memiliki ditempatkan di dalam -ku peduli.

KOMITMEN KE KETAATAN

Hari ini, saya berkomitmen untuk peduli pada orang lain, bukan hanya membela posisi . akan gembala dengan kesabaran, doa, Dan Cinta.

SAYA memilih tanggung jawab pengakuan berlebihan .

MELIHAT DI DEPAN KE HARI DUA PULUH

Sebagai Agustinus telah membawa itu berat dari jiwa-jiwa, Dia belajar lain kritis pelajaran:

Kepemimpinan memerlukan dalam kerendahhatian ke tetap sehat.

Besok Kami akan mengeksplorasi:

Bagaimana Tuhan mengawetkan itu jantung dari A pelayan di bawah tanggung jawab.

HARI DUA PULUH

KERENDAHAN HATI YANG MENOPANG KEPEMIMPINAN

KEY FOKUS AYAT-AYAT ALKITAB

"Tuhan menolak itu bangga, Tetapi memberikan berkah ke itu rendah hati.

— James 4:6

"Siapapun keinginan ke menjadi Besar di antara Anda, membiarkan dia menjadi milikmu pelayan."

— Matius 20:26

"Dia harus meningkatkan, Tetapi SAYA harus mengurangi."

— John Jam 3:30

"Apa Mengerjakan Anda memiliki itu Anda telah melakukan bukan menerima?"

— 1 Korintus 4:7

Agustinus HIDUP MOMEN

Pada tahap kehidupan ini, **Agustinus dari Hippo** telah memikul beban yan berat—baik secara spiritual, intelektual, maupun pastoral.

Orang-orang menghormatinya.

Gereja-gereja bergantung padanya. Debat-debat mencari kejelasan darinya.

Dan Agustinus tahu sesuatu berbahaya adalah mungkin.

Kepemimpinan dapat secara perlahan meyakinkan seseorang bahwa mereka dibutuhkan. Bahwa hasil bergantung pada mereka. Bahwa pengaruh adalah milik mereka. Agustinus menentang hal ini. diam-diam Tetapi dengan sengaja. Dia diingatkan dirinya sendiri—seringkali—bahwa Dia adalah bukan sumber dari kebenaran, Tetapi A **pelayan dari dia** .

Kerendahhatian adalah bukan opsional untuk Dia. Ini soal

bertahan hidup.

KEHIDUPAN PELAJARAN

Panggilan tanpa kerendahhatian pada akhirnya runtuh.

Kepemimpinan tidak hanya didukung oleh kompetensi semata, tetapi juga oleh ketergantungan yang terus-menerus kepada Tuhan. Kitab Suci dengan jelas menyatakan: kasih karunia mengalir di mana kerendahan hati tetap ada, tetapi tidak ada perlawanan. datang Di mana kebanggaan mengambil akar.

Kerendahhatian terus kepemimpinan:

- Teachable
- Bertanggung jawab
- Bergantung
- Aman

Kapan kerendahhatian terkikis, bahkan Bagus kepemimpinan menj berbahaya.

CERMIN MOMEN (PRIBADI CERMINAN)

Mencerminkan dengan hati-hati:

- Di mana memiliki Tuhan dipercayakan Anda dengan tanggung jawab at pengaruh?
- Bagaimana Mengerjakan Anda penjaga milikmu jantung melawan kebanggaan?
- Melakukan Anda tetap mengenali semuanya Anda memiliki sebagai diterima, bukan diperoleh?

Membiarkan Tuhan meneliti bukan hanya milikmu tindakan, Tetapi milik sikap.

TINDAKAN UNTUK KETAATAN

Hari ini, praktik **disengaja kerendahhatian** .

- Mengakui satu daerah Di mana Anda merasa percaya diri atau didirikan
- Terima kasih Tuhan secara eksplisit untuk dia
- Mengundang Miliknya sedang berlangsung panduan Dan koreksi

Kerendahhatian tumbuh Di mana rasa syukur hidup.

KELOMPOK DISKUSI PERTANYAAN

1. Mengapa adalah kebanggaan sering tak kentara di dalam kepemimpinan?
2. Bagaimana melakukan kerendahhatian melindungi jangka panjang keberhasilan?
3. Apa praktik membantu para pemimpin tetap bergantung pada Tuhan?

DOA

Ayah, SAYA mengakui itu semuanya SAYA memiliki datang dari Kamu. Penjaga -ku jantung dari kebanggaan Dan Kemandirian. Ajari aku untuk memimpin, melayani, dan taat dengan kerendahan hati. Biarlah kasih karunia senantiasa menyertai hidupku.

Amin.

KENABIAN PERNYATAAN

SAYA berjalan di dalam kerendahhatian sebelum Tuhan. Kasih karunia menopang panggilan dan pengaruh saya. Saya melayani, bukan meninggikan diri sendiri.

Tuhan sendiri menerima itu kejayaan.

KOMITMEN KE KETAATAN

Hari ini, saya berkomitmen untuk bersikap rendah hati dalam setiap tanggung jawab yang telah Tuhan berikan kepada saya. Saya akan tetap mau belajar, bersyukur, dan bergantung kepada Tuhan.

SAYA memilih berkah lebih Kemandirian .

MELIHAT DI DEPAN KE HARI DUA PULUH SATU

Kami Sekarang memasuki itu **Kedua setengah** dari itu perjalanan.

Sebagai Agustinus (lanjutan) dengan setia, Tuhan dimulai ke membentuk sesuatu yang abadi:

Warisan.

Besok Kami akan mengeksplorasi:

Apa baik dari kehidupan daun-daun buah di luar A seumur hidup.

HARI DUA PULUH SATU

HIDUP UNTUK APA BERTAHAN HIDUP LEBIH LAMA ANDA

KEY FOKUS AYAT-AYAT ALKITAB

"Yang lain memiliki bekerja keras, Dan Anda memiliki masuk ke dalam milik mereka pekerjaan."

—John 4:38

"Orang benar hidup dalam integritasnya; keturunannya akan diberkati setelah dia."

— Amsal 20:7

"Apa Anda memiliki mendengar dari Saya... melakukan ini ke setia pria WHO akan mampu mengajar orang lain juga."

— 2 Timotius 2:2

"Jadi mengajar kita ke nomor kita hari, itu Kami mungkin memperoleh A jantung dari kebijaksanaan."

— Mazmur 90:12

Agustinus HIDUP MOMEN

Sebagai itu bertahun-tahun lulus, **Agustinus dari Kuda nil** menjadi makin menyadari bahwa miliknya kehidupan adalah TIDAK lebih lama terukur oleh aktivitas, Tetapi oleh **warisan** .

Dia adalah TIDAK lebih lama meminta, *Apa pagi SAYA mencapai apa?*

Dia adalah bertanya, *Apa akan tetap ada?*

Agustinus menulis, diajari, dikoreksi, Dan digembalakan—tetapi dengan A kesadaran yang meningkat itu Dia adalah bangunan untuk generasi Dia akan tidak pernah bertemu. Miliknya kata-kata itu berbentuk dengan peduli. Miliknya pengajaran adalah dipercayakan ke yang lain. Miliknya kesetiaan adalah TIDAK lebih lama mendesak—itu adalah **disengaja** .

Dia dipahami itu Tuhan langkah-langkah warisan bukan oleh

visibilitas, Tetapi oleh
penularan .

KEHIDUPAN PELAJARAN

Warisan adalah terbentuk oleh kesetiaan, bukan popularitas.

Kerajaan Allah berkembang melalui keberlanjutan. Apa yang kita curahkan kepada orang lain menjadi sarana yang digunakan Allah untuk melanjutkan pekerjaan-Nya melampaui masa hidup kita.

Hidup untuk Apa hidup lebih lama Anda cara:

- Berinvestasi di dalam rakyat lagi dibandingkan proyek
- Memprioritaskan pembentukan lebih pengakuan
- Memilih kesetiaan lebih kesegeraan

Warisan adalah bukan Apa rakyat Ingat tentang kita—itu adalah Apa Tuhan terus berlanjut Mengerjakan melalui Apa Kami memiliki dengan setia diberikan.

CERMIN MOMEN (PRIBADI CERMINAN)

Mencerminkan dengan penuh doa:

- Apa adalah Anda bangunan itu akan tetap setelah Anda?
- Siapa adalah Anda dengan sengaja berinvestasi di dalam?
- Adalah milikmu sehari-hari pilihan berbentuk oleh keabadian atau urgensi?

Membiarkan Tuhan kalibrasi ulang milikmu penglihatan.

TINDAKAN UNTUK KETAATAN

Hari ini, mengambil satu **berorientasi pada warisan tindakan** .

- Mengenali satu orang ke dengan sengaja menginvestasikan di dalam
- Mendorong, mengajar, atau berdoa dengan mereka
- Melakukan ke jangka panjang kesetiaan lebih tepatnya dibandingkan jangka pendek dampak

Warisan tumbuh perlahan—tapi pasti.

KELOMPOK DISKUSI PERTANYAAN

1. Bagaimana melakukan Kitab Suci mendefinisikan warisan berbeda dari budaya?
2. Mengapa adalah berinvestasi di dalam rakyat sering lebih lambat dibandingkan bangunan platform?

3. Apa membantu orang percaya tinggal terfokus pada jangka panjang buah?

DOA

Ayah, mengajar Saya ke hidup dengan keabadian di dalam melihat.

Selaraskan prioritas saya dengan apa yang
benar-benar abadi. Bantu Saya
menginvestasikan dengan setia di dalam
rakyat Dan Kebenaran. Semoga hidupku
berbuah lebih lama dari masa hidupku.
Amin.

KENABIAN PERNYATAAN

SAYA hidup untuk Apa hidup lebih lama dariku.
Hidupku menghasilkan buah yang kekal di
Kerajaan Allah . menginvestasikan di dalam
rakyat, bukan hanya hasil.
Tuhan mengalikan Apa SAYA dengan setia pelayan.

KOMITMEN KE KETAATAN

Hari ini, saya bertekad untuk hidup dengan
perspektif abadi. Saya akan berinvestasi pada hal-
hal yang kekal.
SAYA memilih warisan lebih kesegeraan.

MELIHAT DI DEPAN KE HARI DUA PULUH DUA

Sebagai warisan mengambil membentuk, A baru Muncul tantangan :

Bagaimana Mengerjakan Anda tetap setia Kapan Anda akan bukan melihat itu penuh memanen?

Besok Kami akan mengeksplorasi:

Percaya Tuhan dengan tak terlihat buah.

HARI DUA PULUH DUA
SETIA TANPA MELIHAT PANEN

KEY FOKUS AYAT-AYAT ALKITAB

"Satu babi betina Dan lain menuai."

—John 4:37

"Dan memiliki Selesai semua... ke berdiri."

— Efesus Jam 6:13

"Ini semua mati di dalam keyakinan, bukan memiliki diterima itu janji, Tetapi memiliki terlihat dari kejauhan."

— Ibrani 11:13

"SAYA tertanam, Apollos disiram, Tetapi Tuhan telah memberi itu meningkatkan."

— 1 Korintus 3:6

Agustinus HIDUP MOMEN

Sebagai **Agustinus dari Kuda nil** masuk itu Nanti bertahun-tahun dari miliknya kementerian, Dia semakin menyadari kenyataan yang menyedihkan:

Banyak dari Apa Tuhan adalah sedang mengerjakan melalui dia akan **hidup lebi lama dia** .

Ia bekerja dengan setia tanpa jaminan hasil yang terlihat. Ia memperbaiki kesalahan meskipun tahu bahwa mungkin butuh beberapa generasi untuk memperbaiki kerusakan. Ia mengajarkan kebenaran dengan penuh kepercayaan. Tuhan ke melestarikan dia di luar miliknya suara.

Augustinus tidak menuntut untuk melihat hasilnya. Dia mempercayai Sang Pencipta.

KEHIDUPAN PELAJARAN

Tuhan melakukan bukan memerlukan kita ke menyelesaikan itu pekerjaan—hanya ke menjadi setia ke kita Bagian. Kitab Suci berulang kali mengajarkan bahwa Kerajaan Allah maju melalui kerja sama. lintas waktu.

Beberapa tanaman. Beberapa air. Yang lain menuai. Tetapi Tuhan sendiri kontrol meningkatkan.

Kesetiaan adalah ketaatan **tanpa jaminan** .

Kapan Kami bersikeras pada melihat hasil, Kami secara halus tempat diri pad itu tengah milik Tuhan bekerja. Kapan Kami memercayai Tuhan dengan tak terlihat buah, Kami menghormati Miliknya kedaulatan.

CERMIN MOMEN (PRIBADI CERMINAN)

Mencerminkan Sejujurnya:

- Di mana memiliki Anda dewasa berkecil hati Karena hasil adalah terlambat?
- Memiliki Anda disamakan keberhasilan dengan visibilitas?
- Adalah Anda bersedia ke mematuhi bahkan jika Anda tidak pernah meliha Hasilnya ?

Membiarkan Tuhan menyetel kembali milikmu harapan.

TINDAKAN UNTUK KETAATAN

Hari ini, melepaskan milikmu membutuhkan ke melihat hasil.

- Mengenali satu daerah Di mana Anda merasa tak terlihat atau tidak terpenuhi
- Berbicara ini doa nyaring:
  "Yang mulia, SAYA memercayai Anda dengan itu memanen."
- Melanjutkan dengan setia tanpa menyesuaikan ketaatan ke hasil

Memercayai mempertahankan ketaatan.

KELOMPOK DISKUSI PERTANYAAN

1. Mengapa Mengerjakan Kami berjuang ke mematuhi tanpa melihat hasilnya?
2. Bagaimana melakukan keyakinan dewasa Kapan hasil adalah tak terlihat?
3. Apa membantu orang percaya tetap setia lintas panjang musim?

DOA

Ayah, mengajar Saya ke memercayai Anda dengan hasil SAYA mungkin tidak pernah lihat. Gratis Saya dari itu membutuhkan untuk pengakuan atau segera buah.

Bantulah aku untuk tetap setia pada pekerjaan yang telah

Engkau tetapkan. Aku mempercayakan panen ini kepada-Mu.
Amin.

KENABIAN PERNYATAAN

Aku tetap setia tanpa perlu melihat hasil. Tuhan
akan memberikan pertumbuhan pada waktu-
Nya.
Ketaatanku tidak sia-sia.
Aku memercayai Tuhan
dengan tak terlihat buah.

KOMITMEN KE KETAATAN

Hari ini, SAYA melakukan ke setia ketaatan tanpa kondisi.
Saya akan menabur, air, Dan memercayai Tuhan dengan
itu memanen.
SAYA memilih memercayai lebih kontrol.

MELIHAT DI DEPAN KE HARI DUA PULUH TIGA

Sebagai Agustinus tepercaya Tuhan dengan tak terlihat buah, Dia belajar lain kebenaran:

Kesetiaan melakukan bukan menghapus penderitaan—itu membingkai ulang dia.

Besok Kami akan mengeksplorasi:

Bagaimana menderita bentuk harapan lebih tepatnya dibandingkan menghancurkan dia.

HARI DUA PULUH TIGA

MENDERITA ITU MEMPERKUAT HARAPAN

KEY FOKUS AYAT-AYAT ALKITAB

“Kita juga bersukacita dalam kesengsaraan, karena kita tahu bahwa kesengsaraan menghasilkan ketekunan; Dan kegigihan, karakter; Dan karakter, harapan."

— orang Romawi 5:3–4

"Untuk kita lampu penderitaan, yang adalah Tetapi untuk A momen, adalah bekerja untuk kita A jauh lebih banyak melebihi Dan abadi berat dari kejayaan."

— 2 Korintus 4:17

"Meskipun Dia membunuh Saya, belum akan SAYA memercayai Dia."

— Pekerjaan 13:15

"Diberkati adalah itu pria WHO bertahan godaan; untuk Kapan Dia memiliki telah disetujui, Dia akan menerima itu mahkota dari kehidupan."

— James 1:12

Agustinus HIDUP MOMEN

Seperti yang dikatakan **Agustinus dari Seiring bertambahnya usia dan kedewasaan Hippo** , penderitaan tidak lenyap dari hidupnya.

Dia berubah -nya peran.

Rasa sakit tidak lagi berfungsi sebagai hukuman. Kesulitan tidak lagi berarti kegagalan.

Menunda TIDAK lebih lama tersirat pengabaian.

Agustinus belajar itu menderita bisa salah satu mengeras itu jantung atau **Berpegang teguh pada harapan** —tergantung di mana kepercayaan itu diletakkan. Dia membiarkan rasa sakit mendorongnya mendekat kepada Tuhan, bukan menjauh dari-Nya. Alih-alih menuntut penjelasan, dia berpegang teguh pada karakter Tuhan.

Harapan adalah TIDAK lebih lama bersifat situasional.

Dia menjadi abadi.

KEHIDUPAN PELAJARAN

Menderita memurnikan harapan Kapan memercayai adalah berakar di dalam Tuhan.

Kitab Suci melakukan bukan janji kebebasan dari menderita. Dia janji tujuan di dalamnya. Harapan yang terbentuk melalui penderitaan lebih kuat daripada optimisme—ia berakar di luar keadaan.

Menderita memperkuat harapan Kapan:

- Kami memercayai Tuhan karakter lebih kita kenyamanan
- Kami menafsirkan nyeri melalui keabadian, bukan kesegeraan
- Kami mengizinkan ketahanan ke membentuk karakter

Harapan yang belum diuji itu rapuh.
Harapan halus oleh menderita bertahan.

CERMIN MOMEN (PRIBADI CERMINAN)

Mencerminkan dengan penuh doa:

- Penderitaan apa yang Anda anggap seharusnya tidak ada dalam perjalanan iman Anda?
- Bagaimana memiliki nyeri ditantang atau dibentuk ulang milikmu harapan?
- Adalah milikmu harapan berakar di dalam bantuan—atau di dalam Tuhan?

Membiarkan Tuhan bertemu Anda Sejujurnya Di Sini.

TINDAKAN UNTUK KETAATAN

Hari ini, praktik **berpusat pada harapan memercayai** .

- Mengenali satu daerah dari sedang berlangsung kesulitan
- Berbicara ini kebenaran nyaring:
  "Tuhan adalah setia, bahkan Di Sini."
- Memilih satu bertindak dari ketaatan atau rasa syukur meskipun nyeri

Harapan tumbuh Kapan memercayai adalah berlatih.

KELOMPOK DISKUSI PERTANYAAN

1. Bagaimana melakukan Kitab Suci mendefinisikan ulang menderita?

2. Mengapa melakukan menderita sering membuka Di mana kita harapan sungguh-sungguh istirahat?
3. Apa praktik membantu orang percaya menderita nyeri dengan harapan?

DOA

Ayah, SAYA membawa Anda -ku nyeri tanpa berpura-pura
dia adalah mudah. Tancapkan harapanku pada kesetiaan-Mu,
bukan pada keadaanku. Gunakan setiap uji coba ke
membentuk karakter Dan memperdalam memercayai.
SAYA memilih harapan itu
bertahan. Amin.

KENABIAN PERNYATAAN

Harapanku berlandaskan pada
Tuhan. Penderitaan tidak akan
menghancurkan imanku.
Tuhan sedang membentuk ketabahan dan
karakter dalam diriku. Harapanku tidak akan
mengecewakan.

KOMITMEN KE KETAATAN

Hari ini, SAYA melakukan ke percaya Tuhan dalam penderitaan.
SAYA akan mengizinkan uji coba ke
memperdalam harapan, bukan mengurangi itu.
Saya memilih abadi perspektif lebih bantuan
sementara .

MELIHAT DI DEPAN KE HARI DUA PULUH EMPAT

Sebagai harapan semakin dalam, Tuhan dimulai ke mempersiapkan itu jantung untuk sesuatu tak kentara tetapi yang terpenting:

Menyewakan pergi.

Besok Kami akan mengeksplorasi:

Bagaimana keyakinan belajar ke melepaskan kontrol Dan istirahat sepenuhnya di dalam Tuhan.

HARI DUA PULUH EMPAT

BELAJAR UNTUK MELEPASKAN DAN SEPENUHNYA MEMPERCAYAI TUHAN

KEY FOKUS AYAT-AYAT ALKITAB

"Percayalah kepada Tuhan dengan sepenuh hatimu, dan janganlah bersandar pada pengertianmu sendiri ."

— Amsal 3:5–6

"Menjadi tetap, Dan tahu itu SAYA pagi Tuhan."

— Mazmur 46:10

"Pengecoran semua milikmu peduli pada Dia, untuk Dia kekuatiran untuk Anda

— 1 Petrus 5:7

"Dia WHO memiliki masuk Miliknya istirahat memiliki diri Juga berhenti dari miliknya karya."

— Ibrani Jam 4:10

Agustinus HIDUP MOMEN

Di dalam itu Nanti musim dari miliknya kehidupan, **Agustinus dari Kuda nil** belajar A pelajaran bahwa ketaatan saja tidak bisa mengajarinya.

Dia belajar ke **membiarkan Pergi** . Bukan karena iman.

Bukan dari Tanggung jawab. Tapi juga kendali.

Agustinus telah dihabiskan bertahun-tahun pemikiran dalam, pengajaran jelas, menggembalakan dengan hati-hati. Namun, bahkan pelayanan yang setia pun diam-diam dapat membawa kecemasan—perasaan bahwa hasil bergantung pada kewaspadaan kita. Seiring waktu, Agustinus menyadari bahwa kepercayaan adalah bukan terbukti oleh upaya, Tetapi oleh istirahat.

Dia belajar ke tempat hasil Di mana mereka milik: di dalam Tuhan tangan.

KEHIDUPAN PELAJARAN

Memercayai adalah terungkap bukan oleh aktivitas, Tetapi dengan penyerah diri.

Banyak orang percaya menaati Tuhan tetapi masih memikul beban kendali. Kita merencanakan, mengelola, dan mengantisipasi—seringkali dengan tulus—tetapi tanpa ketenangan. Kitab Suci mengajarkan itu BENAR memercayai rilis itu membutuhkan ke kontrol hasil.

Melepaskan bukan berarti melepaskan diri dari ketaatan

. cara melepaskan diri dari **kecemasan** .

Keyakinan menjadi dewasa Kapan Kami berhenti condong pada memahami Dan awal beristirahat di hadapan Tuhan peduli.

CERMIN MOMEN (PRIBADI CERMINAN)

Mencerminkan dengan tenang:

- Di mana adalah Anda tetap mencoba ke kontrol Hasilnya?
- Apa beban memiliki Tuhan diminta Anda ke melepaskan?
- Adalah milikmu ketaatan didorong oleh memercayai atau kecemasan?

Duduk dengan ini pertanyaan Sejujurnya.

TINDAKAN UNTUK KETAATAN

Hari ini, praktik **disengaja melepaskan** .

- Mengenali satu kekhawatiran Anda memiliki pernah membawa
- Berbicara dia nyaring ke Tuhan
- Secara sadar melepaskan tanggung jawab untuk itu hasil

Mengatakan perlahan-lahan:

"Yang mulia, SAYA memercayai Anda dengan ini."

KELOMPOK DISKUSI PERTANYAAN

1. Mengapa adalah membiarkan pergi sering lebih sulit dibandingkan memukau tindakan?
2. Bagaimana Bisa tanggung jawab diam-diam berbelok ke dalam kecemasan?
3. Apa praktik membantu orang percaya istirahat ketika tersisa setia?

DOA

Ayah, SAYA mengakui itu SAYA sering membawa Apa Anda tidak pernah diminta Saya ke tahan. Ajarkan Saya ke memercayai Anda sepenuhnya.

Membantu Saya melepaskan kecemasan Dan
istirahat di dalam Milikmu peduli. Saya
tempat setiap hasil di dalam Milikmu
tangan.
Amin.

KENABIAN PERNYATAAN

SAYA memercayai Tuhan dengan setiap hasil.
SAYA melepaskan kontrol Dan
istirahat di dalam Miliknya perhatian.
Tuhan itu setia melebihi usahaku.
SAYA hidup dari istirahat, bukan kecemasan.

KOMITMEN KE KETAATAN

Hari ini, SAYA melakukan ke percaya Tuhan sepenuhnya.
SAYA akan melepaskan kontrol Di mana Tuhan
memiliki diminta Saya ke kepercayaan. Aku memilih
beristirahat yang berakar pada iman.

MELIHAT DI DEPAN KE HARI DUA PULUH LIMA

Sebagai Agustinus belajar ke membiarkan pergi, sesuatu cantik diikuti:
Sukacita kembali—tidak dari kesuksesan, Tetapi dari istirahat.
Besok Kami akan mengeksplorasi:
Bagaimana sukacita aliran Kapan itu jiwa istirahat di dalam Tuhan.

HARI DUA PULUH LIMA

ITU SUKACITA ITU DATANG DARI ISTIRAHAT

KEY FOKUS AYAT-AYAT ALKITAB

"Di dalam Milikmu kehadiran adalah kesempurnaan dari sukacita."

— Mazmur 16:11

"Itu sukacita dari itu Yang mulia adalah milikmu kekuatan."

— Nehemia Jam 8:10

"Datang ke Aku... Dan SAYA akan memberi Anda istirahat."

— Matius 11:28–29

"Anda akan menyimpan dia di dalam sempurna perdamaian, yang pikiran adalah tetap tinggal pada Anda."

— Yesaya 26:3

Agustinus HIDUP MOMEN

Di dalam itu Nanti bertahun-tahun dari miliknya kehidupan, **Agustinus dari Kuda nil** telah menemukan A sukacita Dia Hal itu tidak diketahui pada musim-musim sebelumnya.

Dia adalah bukan itu sukacita dari
Prestasi. Bukan kegembiraan
karena pengakuan.
Bukan bahkan itu sukacita dari
kesuksesan di dalam pelayanan. Itu
adalah sukacita **istirahat** .

Saat Agustinus belajar melepaskan kendali dan sepenuhnya mempercayai Tuhan, kecemasannya mereda. -nya pegangan. Itu berusaha itu sekali didominasi miliknya batin kehidupan pudar. Yang tersisa adalah sukacita yang tenang dan teguh, yang berakar bukan pada keadaan, tetapi pada hadirat Tuhan .

Sukacita adalah TIDAK lebih lama sesuatu Dia dikejar. Itu menjadi sesuatu yang ia huni.

KEHIDUPAN PELAJARAN

Sukacita adalah itu buah dari istirahat, bukan usaha.

Banyak orang percaya mengejar kebahagiaan melalui pencapaian, penegasan, atau kinerja spiritual. Kitab Suci mengajar sesuatu berbeda: sukacita aliran tentu saja di mana jiwa beristirahat di dalam Tuhan.

Kebahagiaan tidak membutuhkan keadaan

yang sempurna. Kebahagiaan

membutuhkan kepercayaan yang teguh.

Kapan istirahat menggantikan berusaha, sukacita muncul—tidak sebagai kegembiraan, Tetapi sebagai

kekuatan .

CERMIN MOMEN (PRIBADI CERMINAN)

Mencerminkan dengan penuh doa:

- Di mana memiliki Anda pernah pencarian sukacita melalui upaya?
- Apa memiliki kecemasan dicuri sukacita dari di dalam milikmu kehidupan?
- Bagaimana mungkin istirahat di dalam Tuhan memulihkan sukacita?

Mengizinkan itu Roh ke menyetel kembali milikmu harapan.

TINDAKAN UNTUK KETAATAN

Hari ini, praktik **gembira istirahat** .

- Mengatur ke samping waktu ke hanya menjadi di dalam Tuhan kehadiran
- Melakukan bukan bertanya untuk apa pun
- Menerima Tuhan dekatnya dengan rasa syukur

Sukacita sering pengembalian Kapan Kami berhenti menuntut hasil.

KELOMPOK DISKUSI PERTANYAAN

1. Mengapa Mengerjakan Kami rekan sukacita dengan kesuksesan lebih tepatnya dibandingkan istirahat?
2. Bagaimana melakukan kecemasan mengikis sukacita?
3. Apa praktik membantu orang percaya hidup dari istirahat alih-alih dari berjuang?

DOA

Ayah, terima kasih Anda untuk itu sukacita itu datang dari

beristirahat di dalam Kamu. Lepaskan Saya dari berusaha itu

mencuri perdamaian.
Memulihkan sukacita ke -ku jiwa sebagai
SAYA memercayai Anda sepenuhnya.
Saya menerima Milikmu sukacita sebagai
-ku kekuatan.
Amin.

KENABIAN PERNYATAAN

Itu sukacita dari itu Yang mulia
adalah -ku kekuatan. Saya hidup
dari istirahat, bukan dari tekanan.
Sukacita aliran dari Tuhan kehadiran di
dalam -ku hidup. Jiwaku tenang dan
aman di dalam Dia.

KOMITMEN KE KETAATAN

Hari ini, SAYA melakukan ke hidup
dari Beristirahatlah. Aku tidak akan
mengejar kebahagiaan melalui usaha
keras.

SAYA menerima itu sukacita itu aliran dari percaya Tuhan.

MELIHAT DI DEPAN KE HARI DUA PULUH ENAM

Sebagai sukacita mapan di dalam Agustinus jantung, Tuhan siap dia untuk sesuatu lembut dan suci:

Penyelesaian Sehat.

Besok Kami akan mengeksplorasi:

Bagaimana A kehidupan berlabuh di dalam Tuhan mempersiapkan untuk A tenang menyelesaikan.

HARI DUA PULUH ENAM PENYELESAIAN DENGAN

BAIK

KEY FOKUS AYAT-AYAT ALKITAB

"SAYA memiliki berjuang itu Bagus bertarung, SAYA memiliki selesai itu balapan, SAYA memiliki disimpan itu keyakinan."

— 2 Timotius 4:7

"Membiarkan kita berlari dengan ketahanan itu balapan itu adalah mengatur sebelum kita."

— Ibrani 12:1

"Menjadi setia sampai kematian, Dan SAYA akan memberi Anda itu mahkota dari kehidupan."

— Wahyu 2:10

"Itu akhir dari A urusan adalah lebih baik dibandingkan -nya awal."

— Pengkhotbah 7:8

Agustinus HIDUP MOMEN

Di dalam itu penutupan bertahun-tahun dari miliknya kehidupan, **Agustinus dari Kuda nil** telah melakukan bukan lambat karena imannya melemah.

Dia melambat Karena miliknya fokus diasah.

Dia TIDAK lebih lama terukur kehidupan oleh produktivitas, Tetapi oleh **kesetiaan** . Dia telah belajar itu permulaan mengilhami, Tetapi akhir bersaksi. Banyak awal Sehat; sedikit Selesaikan dengan baik. Agustinus adalah bertekad ke menyelesaikan dengan miliknya memercayai utuh, miliknya jantung lembut, dan harapannya tertuju pada Tuhan.

Dia hidup dengan itu akhir di dalam pandangan—tidak dengan takut, Teta dengan setia.

KEHIDUPAN PELAJARAN

Penyelesaian Sehat adalah itu sasaran dari Pemuridan.

Kitab Suci melakukan bukan merayakan Bagaimana dengan keras Kami mulai, Tetapi Bagaimana dengan setia kita bertahan. Menyelesaikan dengan baik membutuhkan konsistensi, kerendahan hati, pertobatan, dan kepercayaan—terutama Kapan kekuatan memudar Dan visibilitas menurun.

Penyelesaian Sehat cara:

- Tersisa setia Kapan TIDAK satu adalah menonton
- Percaya Tuhan Kapan kapasitas penurunan
- Memegang harapan Kapan hasil adalah menyelesaikan

Tuhan nilai-nilai **kesetiaan ke itu akhir** .

CERMIN MOMEN (PRIBADI CERMINAN)

Mencerminkan dengan penuh doa:

- Apa melakukan "menyelesaikan" Sehat" berarti ke Anda?
- Apa kebiasaan atau sikap bisa mengancam jangka panjang kesetiaan?
- Adalah Anda hidup Hari ini di dalam A jalan Anda akan menjadi bersyuk untuk Nanti?

Membiarkan Tuhan membentuk milikmu perspektif di luar itu hadiah momen

TINDAKAN UNTUK KETAATAN

Hari ini, praktik **berorientasi pada tujuan kesetiaan** .

- Mengenali satu kebiasaan atau sikap itu akan membantu Anda menyelesaikan Sehat
- Memperkuat dia dengan sengaja Hari ini
- Melepaskan apa pun itu bisa kompromi jangka panjang ketaatan

Menyelesaikan Sehat oleh hidup Sehat Sekarang.

KELOMPOK DISKUSI PERTANYAAN

1. Mengapa adalah penyelesaian Sehat sering lebih sulit dibandingkan memulai kuat?
2. Bagaimana melakukan abadi perspektif membentuk sehari-hari keputusan
3. Apa praktik mempertahankan kesetiaan lebih A seumur hidup?

DOA

Ayah, membantu Saya hidup dengan itu akhir di dalam pandangan. Ajarkan Saya ke nilai kesetiaan lebih Tepuk tangan. Perkuat Saya ke menderita dengan harapan Dan kepercayaan. Saya ingin menyelesaikan

perlombaan saya dengan baik.
Amin.

KENABIAN PERNYATAAN

SAYA akan menyelesaikan -ku
balapan dengan keyakinan utuh.
Milik Tuhan berkah
mempertahankan Saya ke itu akhir.
SAYA tetap setia di dalam setiap
musim dari hidup. Saya mengakhirinya
dengan baik.

KOMITMEN KE KETAATAN

Hari ini, saya berkomitmen untuk hidup dengan
kesetiaan jangka panjang . akan membuat pilihan itu
menghormati Tuhan sampai itu akhir.
SAYA memercayai Tuhan ke membawa Saya melalui setiap musim.

MELIHAT DI DEPAN KE HARI DUA PULUH TUJUH

Saat Agustinus bersiap untuk mengakhiri tulisannya dengan baik, Tuhan menanamkan dalam dirinya sebuah pesan terakhir yang menyadarkan. kebenaran

Kita hidup melanjutkan ke berbicara setelah Kami adalah hilang.

Besok Kami akan mengeksplorasi:

Apa dia cara ke menjadi membaca oleh generasi belum belum lahir.

HARI DUA PULUH TUJUH

A KEHIDUPAN ITU BERSAMBUNG UNTUK BERBICARA

KEY FOKUS AYAT-AYAT ALKITAB

"Anda adalah kita surat... diketahui Dan membaca oleh semua laki-laki."

— 2 Korintus 3:2-3

"Menjadi mati, Dia tetap

berbicara."

— Ibrani 11:4

"Itu ingatan dari itu adil diberkati ."

— Amsal 10:7

"Jadi bersinar milikmu lampu sebelum laki-laki, itu mereka mungkin melihat milikmu Bagus karya dan muliakanlah Bapamu di surga."

— Matius 5:16

Agustinus HIDUP MOMEN

Kapan **Agustinus dari Kuda nil** mendekati itu akhir dari miliknya duniawi perjalanan, Dia tidak peduli apakah dirinya akan dikenang atau tidak.

Dia adalah khawatir dengan makhluk **setia** .

Ia telah lama memahami bahwa kehidupan yang diserahkan kepada Tuhan tidak berakhir dalam keheningan. Kehidupan itu terus berbicara—bukan melalui reputasi, tetapi melalui buah. Agustinus telah melakukan bukan hidup ke membuat A warisan; Dia hidup ke mematuhi Tuhan. Belum Ketaatan menulis sebuah pesan yang bertahan lebih lama darinya.

Kehidupannya menjadi sebuah surat—yang dibaca lintas generasi, budaya, dan abad. Bukan karena dia sempurna.

Tetapi Karena Dia adalah menyerah.

KEHIDUPAN PELAJARAN

Setia hidup melanjutkan ke berbicara setelah mereka adalah hilang.

Kitab Suci mengajarkan bahwa ketaatan bergema melampaui saat itu. Kata-kata memudar, tetapi buah tetap. Itu pengaruh dari A menyerah kehidupan sering mencapai tempat individu tidak pernah membayangkan Dan waktu mereka tidak pernah hidup ke melihat.

Kami adalah selalu menulis sesuatu:

- Melalui kita pilihan
- Melalui kita karakter
- Melalui kita ketaatan

Itu pertanyaan adalah bukan apakah kita hidup akan bicara—tapi **Apa mereka akan Katakanlah** ... **MOMEN CERMIN (REFLEKSI PRIBADI)**

Mencerminkan dengan hati-hati:

- Apa pesan adalah milikmu kehidupan saat ini menulis?
- Jika yang lain diikuti milikmu contoh, Di mana akan dia memimpin mereka
- Apa Mengerjakan Anda ingin milikmu ketaatan ke mengatakan panjang setelah Anda adalah hilang?

Mengizinkan keabadian ke memberitahukan itu hadiah.

TINDAKAN UNTUK KETAATAN

Hari ini, hidup dengan **disengaja saksi** .

- Memilih satu tindakan itu mencerminkan Kristus jelas
- Berbicara kebenaran dengan lembut Di mana kesunyian akan menyesatkan
- Hidup secara sadar, penuh arti milikmu kehidupan adalah makhluk membac

Kesetiaan Hari ini menulis besok kesaksian.

KELOMPOK DISKUSI PERTANYAAN

1. Bagaimana Mengerjakan hidup melanjutkan ke berbicara di luar kata-kata?
2. Apa membedakan abadi rohani pengaruh dari dampak sementara?
3. Bagaimana Bisa biasa ketaatan membentuk luar biasa warisan?

DOA

Ayah, mengingatkan Saya itu -ku kehidupan adalah makhluk membaca.
Membantu Saya hidup di dalam A jalan itu penghargaan
Anda di luar hari ini. Biarlah ketaatanku menyampaikan
kebenaran, kasih karunia, dan harapan kepada orang lain.
Tulislah Milikmu pesan jelas melalui -ku kehidupan.
Amin.

KENABIAN PERNYATAAN

-ku kehidupan adalah A hidup surat tentang Kristus.
Kebenaran Allah tertulis dengan jelas melalui
ketaatanku. Kesetiaanku akan berbicara melampaui
masa hidupku.
SAYA hidup ke memuliakan Tuhan di dalam setiap generasi.

KOMITMEN KE KETAATAN

Hari ini, SAYA melakukan ke hidup secara sadar sebelum
Tuhan Dan yang lain. Aku akan membiarkan hidupku
mencerminkan Kristus dengan setia.
SAYA memilih ketaatan itu berbicara di luar Saya.

MELIHAT DI DEPAN KE HARI DUA PULUH DELAPAN

Saat perjalanan mendekati akhir, Tuhan mengarahkan perhatian kita ke dalam diri untuk terakhir kalinya:

Bagaimana Mengerjakan Kami hidup sehari-hari dengan keabadian di dalam melihat?

Besok Kami akan mengeksplorasi:

Hidup setiap hari sebagai A setia duta besar dari Kristus.

HARI DUA PULUH DELAPAN

HIDUP SEBAGAI DUTA KRISTUS SETIAP HARI

KEY FOKUS AYAT-AYAT ALKITAB

"Sekarang Kemudian, Kami adalah duta besar untuk Kristus, sebagai meskipun Tuhan mereka memohon melalui kami."

— 2 Korintus Jam 5:20

"Sebagai Dia adalah, Jadi adalah Kami di dalam ini dunia."

— 1 Yohanes 4:17

"Anda adalah itu lampu dari itu dunia."

— Matius 5:14

"Mengadakan Kalian dengan bijak ke arah orang luar."

— Kolose 4:5

Agustinus HIDUP MOMEN

Oleh itu terakhir musim dari miliknya kehidupan, **Agustinus dari Kuda nil** TIDAK lebih lama memisahkan keyakinan dari perilaku.

Keyakinan adalah bukan
sesuatu Dia *dipegang*. Itu adalah
sesuatu yang dia *wujudkan*.

Setiap percakapan, keputusan, dan tanggapan memiliki bobot—bukan karena dia menginginkannya. pengaruh, Tetapi Karena Dia dipahami perwakilan. Agustinus Ia menyadari bahwa ia tidak lagi hanya berbicara untuk dirinya sendiri. Hidupnya adalah kesaksian nyata tentang Kristus yang ia beritakan.

Dia hidup menyadari itu Kristus adalah makhluk ditafsirkan melalui dia.

KEHIDUPAN PELAJARAN

Para duta besar tidak mewakili opini pribadi—mereka mewakili otoritas.

Kitab Suci mengajarkan bahwa orang percaya adalah wakil Kristus di bumi. Seorang duta tidak mengarang pesan; ia menyampaikannya dengan setia. Kredibilitas itu pesan adalah sering dinilai oleh itu mengadakan dari itu kurir.

Hidup sebagai sebuah Duta besar berarti:

- Konsistensi di antara keyakinan Dan perilaku
- Kesadaran itu tindakan menyampaikan teologi
- Sehari-hari kesetiaan di dalam biasa momen

Itu Injil adalah sering Pertama bertemu melalui hidup, bukan khotbah.

CERMIN MOMEN (PRIBADI CERMINAN)

Mencerminkan dengan hati-hati:

- Apa gambar dari Kristus melakukan milikmu sehari-hari kehidupan hadiah?
- Di mana mungkin milikmu perilaku bertentangan milikmu pengakuan?
- Melakukan Anda hidup secara sadar sebagai A perwakilan—atau sambil lal sebagai A orang yang percaya?

Membiarkan Tuhan menyaring kesadaranmu .

TINDAKAN UNTUK KETAATAN

Hari ini, praktik **disengaja representasi** .

- Memilih satu biasa interaksi
- Bertanya dirimu sendiri: *Bagaimana akan Kristus menjadi diwakili Di Sini?*
- Menanggapi oleh karena itu—dengan berkah, kebenaran, kesabaran, atau keberanian

Jabatan Duta Besar adalah hidup satu momen pada A waktu.

KELOMPOK DISKUSI PERTANYAAN

1. Apa melakukan dia praktis berarti ke hidup sebagai Kristus duta besar?
2. Bagaimana Mengerjakan setiap hari tindakan membentuk Bagaimana yang lain memahami Kristus?
3. Apa tantangan membuat konsisten perwakilan sulit?

DOA

Bapa, aku menerima tanggung jawab untuk mewakili Kristus. Sejajarkan -ku kata-kata, tindakan, Dan sikap dengan Milikmu hati. Biarkan -ku kehidupan mencerminkan itu kebenaran SAYA mengakui. Membantu Saya hidup secara sadar sebagai Milikmu Duta Besar. Amin.

KENABIAN PERNYATAAN

SAYA pagi Kristus duta besar di dalam ini dunia. -ku kehidupan mencerminkan Miliknya kebenaran, Cinta, Dan otoritas. Saya mewakili Kristus dengan setia di setiap tempat.

Tuhan adalah dimuliakan melalui -ku ketaatan.

KOMITMEN KE KETAATAN

Hari ini, SAYA melakukan ke hidup secara sadar sebagai Kristus Duta Besar. Saya akan meluruskan -ku sehari-hari kehidupan dengan itu pesan SAYA membawa.

SAYA memilih setia perwakilan lebih kenyamanan.

MELIHAT DI DEPAN KE HARI DUA PULUH SEMBILAN

Sebagai itu perjalanan mendekati penyelesaian, Tuhan membawa kita ke A terakhir batin sikap:

Hidup siap.

Besok Kami akan mengeksplorasi:

Apa dia cara ke hidup siap—tanpa takut—karena keabadian.

HARI DUA PULUH SEMBILAN HIDUP SIAP UNTUK KEABADIAN

KEY FOKUS AYAT-AYAT ALKITAB

"Mengajar kita ke nomor kita hari, itu Kami mungkin memperoleh A jantung dari kebijaksanaan."

— Mazmur 90:12

"Untuk ke Saya, ke hidup adalah Kristus, Dan ke mati adalah memperoleh."

— Filipi 1:21

"Jadi itu Kami mungkin memiliki kepercayaan diri Dan bukan menjadi malu sebelum Dia pada Kedatangan -Nya ."

— 1 Yohanes 2:28

"Mengatur milikmu pikiran pada hal-hal di atas, bukan pada hal-hal pada itu bumi."

— Kolose 3:2

Agustinus HIDUP MOMEN

Di dalam itu terakhir musim dari miliknya kehidupan, **Agustinus dari Kuda ni** hidup dengan sebuah Kesadaran yang tak tergoyahkan akan keabadian.

Tidak dengan

rasa takut.

Tidak dengan

rasa takut. Tapi

dengan

kejelasan .

Dia TIDAK lebih lama menempel ke waktu. Dia dikelola dia. Agustinus dipahami hidup itu siap untuk keabadian telah melakukan bukan berarti menarik diri dari hidup—itu dimaksudkan Menjalani setiap hari dengan keselarasan abadi.

Kematian adalah TIDAK lebih lama sebuah Gangguan. Itu adalah sebuah transisi.

Karena miliknya kehidupan telah pernah memesan ke arah Tuhan, keabadian dirasakan akrab daripada luar negeri.

KEHIDUPAN PELAJARAN

Kesiapan untuk keabadian menghasilkan perdamaian di dalam itu hadiah.

Kitab Suci tidak pernah panggilan orang percaya ke takut keabadian. Dia panggilan kita ke hidup **disiapkan** .

Kapan Kristus adalah itu tengah dari kehidupan, keabadian menjadi kontinuitas—bukan kehilangan.

Hidup siap cara:

- Memegang hal-hal duniawi secara longgar
- Sedang berjalan sehari-hari di dalam tobat Dan ketaatan
- Penjangkaran harapan di luar waktu

Itu WHO hidup siap Mengerjakan bukan bergegas hidup—mereka **menukarka** dia.

CERMIN MOMEN (PRIBADI CERMINAN)

Mencerminkan dengan tenang:

- Jika Hari ini adalah milikmu terakhir hari, Apa akan tetap belum terselesaikan?
- Apa lampiran membuat keabadian merasa jauh lebih tepatnya dibandingkan Berharap?
- Adalah Anda hidup disiapkan—atau hanya dengan asumsi waktu?

Membiarkan itu Roh membawa lembut kejelasan, bukan kecemasan.

TINDAKAN UNTUK KETAATAN

Hari ini, praktik **abadi penyelarasan** .

- Alamat satu belum terselesaikan ketaatan atau hubungan
- Melepaskan satu duniawi lampiran itu memegang milikmu jantung juga ra
- Terima kasih Tuhan untuk itu harapan dari keabadian

Kesiapan tumbuh melalui disengaja penyelarasan.

KELOMPOK DISKUSI PERTANYAAN

1. Mengapa melakukan keabadian sering merasa abstrak lebih tepatnya dibandingkan hadiah?
2. Bagaimana melakukan hidup siap memengaruhi sehari-hari prioritas?

3. Apa membantu orang percaya hidup siap tanpa takut?

DOA

Ayah, mengajar Saya ke hidup dengan keabadian di dalam lihat. Hapus takut Dan mengganti dia dengan jaminan.

Bantulah aku mengatur hari-hariku dengan bijaksana dan taat . hidup siap—tidak takut—tapi aman di dalam Kamu. Amin.

KENABIAN PERNYATAAN

SAYA hidup siap untuk keabadian.
-ku harapan adalah berlabuh di luar ini kehidupan.
Aku berjalan dalam damai, kepastian, dan ketaatan. Kristus adalah hidupku—sekarang dan selama-lamanya.

KOMITMEN KE KETAATAN

Hari ini, SAYA melakukan ke hidup siap untuk Keabadian. Aku akan memesan -ku kehidupan menurut ke abadi kebenaran.
SAYA memilih kesiapan berakar di dalam Kristus.

HARI KETIGA PULUH

TERTULIS OLEH TUHAN,

BUKAN OLEH PRIA

KEY FOKUS AYAT-AYAT ALKITAB

"Anda adalah kita surat tertulis di dalam kita hati, diketahui Dan membaca oleh semua laki-laki; jelas Anda adalah sebuah surat dari Kristus... tertulis bukan dengan tinta Tetapi oleh itu Roh dari Allah yang hidup."

— 2 Korintus 3:2–3

"Oleh milik mereka buah-buahan Anda akan tahu mereka."

— Matius 7:16

"Membiarkan milikmu lampu Jadi bersinar sebelum laki-laki."

— Matius 5:16

"Karena Allah-lah yang bekerja di dalam kamu, baik untuk berkehendak maupun untuk berbuat demi kebaikan-Nya." kesenangan."

— Filipi 2:13

Agustinus HIDUP MOMEN

Pada tahap kehidupan ini, **Agustinus dari Hippo** memahami sesuatu yang tidak pernah sepenuhnya dipahami oleh banyak orang percaya:

Miliknya kehidupan adalah TIDAK lebih lama pribadi.

Bukan karena ia mencari perhatian—tetapi karena ketaatan meninggalkan **bukti** . Agustinus tahu bahwa kesaksian terkuat yang ia bawa bukanlah tulisan, khotbah, atau argumennya. Melainkan karya Allah yang nyata yang terukir dalam karakternya .

Dia telah sekali dicoba ke pengarang miliknya
memiliki identitas. Sekarang, dia membiarkan
Tuhan yang menulis.
Manusia mungkin mengedit

narasi. Tuhan menulis
transformasi .

KEHIDUPAN PELAJARAN

Setiap kehidupan memberitahu A cerita—apakah dengan sengaja atau bukan.

Kitab Suci menyatakan bahwa orang percaya adalah surat-surat hidup, yang terus-menerus dibaca oleh dunia. Itu pertanyaan adalah bukan *jika* Kami adalah makhluk membaca, Tetapi **WHO adalah sedang mengerjakan itu menulis** .

A kehidupan tertulis oleh pria adalah berbentuk oleh:

- Budaya
- Tekanan
- Takut dari pendapat

A kehidupan tertulis oleh Tuhan adalah berbentuk oleh:

- Ketaatan
- Tobat
- Berkah
- Kebenaran

Hanya satu menghasilkan buah itu bertahan.

CERMIN MOMEN (PRIBADI CERMINAN)

Duduk dengan hati-hati dengan ini pertanyaan:

- Siapa memiliki pernah membentuk milikmu cerita sebagian besar—Tuhan atau rakyat?
- Apa pesan melakukan milikmu saat ini gaya hidup menyampaikan?
- Jika seseorang "membaca" milikmu kehidupan, Apa akan mereka mempelajari tentang Kristus?

Biarlah Roh Kudus menyelidiki bukan kata-katamu, tetapi **perilakumu** . **TINDAKAN UNTUK KETAATAN**

Hari ini, secara sadar kirim milikmu cerita ke Tuhan.

- Mengenali satu daerah Di mana Anda memiliki diizinkan luar suara ke membentuk Anda
- Menyerah dia dengan sengaja ke itu Suci Roh
- Berdoa ini nyaring:

"Yang mulia, menulis Milikmu kebenaran ke dalam -ku kehidupan

Ketaatan adalah Tuhan tinta.

KELOMPOK DISKUSI PERTANYAAN

1. Apa melakukan dia berarti ke menjadi A "hidup surat" di dalam praktis ketentuan?
2. Bagaimana melakukan budaya percobaan ke pengarang kita identitas?
3. Mengapa melakukan bisa dilihat buah urusan lagi dibandingkan lisan pengakuan?

DOA

Ayah, SAYA menghasilkan -ku kehidupan ke
Anda sebagai itu Penulis. Hapus apa yang
tidak Anda tulis.
Menuliskan Milikmu kebenaran ke dalam -ku karakter.
Membiarkan -ku kehidupan menyampaikan Kristus
jelas ke itu dunia. Amin.

KENABIAN PERNYATAAN

-ku kehidupan adalah tertulis oleh Tuhan, bukan oleh laki-laki.
Itu Roh dari itu hidup Tuhan bentuk -ku karakter.
Ketaatanku menjadi bukti Kristus.
SAYA pagi A hidup surat, membaca oleh dunia .

KOMITMEN KE KETAATAN

Hari ini, saya bertekad untuk hidup dengan penuh
kesadaran di hadapan Tuhan . akan bukan
mengizinkan budaya atau tekanan ke
mendefinisikan Saya.
SAYA memilih ke menjadi tertulis oleh itu Roh dari itu hidup Tuhan.

MELIHAT DI DEPAN KE HARI TIGA PULUH SATU

Sekarang itu Kami memahami **WHO adalah menulis** , Kami harus mengonfrontasi **Apa diproduksi** .

HARI TIGA PULUH

SATU KETIKA TIDAK SATU

ADALAH MENONTON

A SKENARIO KE MEMASUKI

Dia adalah sebuah biasa momen.

TIDAK

pengumuman.

TIDAK saksi.

TIDAK tekanan dari siapa pun

Jika tidak, Anda sendirian dalam

memilih.

Ukurannya sangat kecil sehingga tidak akan ada yang menyadarinya jika Anda mengabaikannya. Hal itu wajar. cukup itu Anda bisa menjelaskan dia jauh. Diam cukup itu dia terasa tidak penting.

Dan namun—kamu ragu-ragu.

Bukan Karena dari konsekuensi.

Bukan karena reputasi.

Tetapi Karena sesuatu di dalam Anda mengetahui:

ini momen adalah makhluk

tertulis . KEBENARAN YANG

TENANG

Paling dari kehidupan adalah bukan hidup pada A panggung.

Ia hidup di ruangan-ruangan yang tak seorang pun bertepuk tangan, dalam keputusan-keputusan yang tak seorang pun catat, dalam pikiran-pikiran. TIDAK satu mendengar. Kitab Suci tidak pernah suguhan ini momen sebagai netral. Dia memperlakukannya sebagai hal **yang membentuk karakter** .

Apa Anda praktik di dalam rahasia pada akhirnya tampak di dalam publik.

KITAB SUCI SEBAGAI SAKSI

"Milikmu Ayah WHO melihat di dalam rahasia akan hadiah Anda secara terbuka."

— Matius 6:6

"Dia WHO adalah setia di dalam Apa adalah paling sedikit adalah setia Juga di dalam banyak."

— Lukas 16:10

"Mencari Saya, HAI Tuhan, Dan tahu hatiku ."

— Mazmur 139:23

A LEMBUT PETUNJUK

Bagaimana jika hari ini Anda mempraktikkan ketaatan **tanpa imbalan** ? Bukan karena itu akan diperhatikan.

Bukan Karena dia akan
menjadi dipuji. Tetapi karena
Tuhan melihat.
Pilih jawaban yang tepat.
Beri tahu itu kebenaran Anda
bisa bersembunyi.
Lawan kebiasaan yang tak seorang pun akan
tahu. Biarkan momen ini hanya milik
Tuhan semata.

A PERTANYAAN KE DUDUK DENGAN

Jika ini momen adalah itu hanya halaman seseorang pernah membaca dari milikmu hidup, apa akan dia mengatakan tentang WHO Anda adalah menjadi apa?

Jangan terburu-buru menjawab
pertanyaan. Biarkan pertanyaan
itu membaca dirimu.

A SEDERHANA TINDAKAN

Hari ini, mengenali **satu pribadi momen** Dan memilih ketaatan Di sana. Jangan diumumkan.

Melakukan bukan
catatan dia.
Melakukan bukan
menjelaskan dia.
Membiarkan dia
menjadi memuja.

A DOA (dengan tenang) LISAN)

Ayah,

Mengajar Saya ke hidup sebelum Anda, bukan
sebelum orang. Formulir -ku karakter Di mana
TIDAK satu melihat.
Menulis kebenaran ke dalam itu tersembunyi
tempat dari -ku hidup. Aku memilih

kesetiaan secara diam-diam.

Amin.

A LEMBUT PERNYATAAN

SAYA hidup sebelum itu mata dari Tuhan.

-ku ketaatan melakukan bukan bergantung pada visibilitas.

SAYA memilih kesetiaan Kapan TIDAK satu sedang menonton.

MELIHAT DI DEPAN KE HARI TIGA PULUH DUA

Besok, itu pengaturan perubahan.

Ada *orang* yang mengamati—tetapi mereka salah paham terhadap Anda. Kita akan membahas:

HARI TIGA PULUH DUA – Kapan Anda Disalahpahami

Bagaimana A hidup surat menjawab Kapan membaca salah.

HARI TIGA PULUH DUA

KAPAN ANDA ADALAH DISALAHPAHAMI

A SKENARIO KE MEMASUKI

Anda dimaksudkan Sehat.

Niatmu murni. Kata-katamu

hati-hati. Kamu keputusan

adalah penuh doa.

Belum bagaimanapun, Apa yang lain mendengar adalah bukan

Apa Anda maksudnya. Apa yang mereka duga bukanlah apa

yang kau bawa.

Apa mereka ulang adalah bukan Apa Sebenarnya

terjadi. Anda merasa perlu menjelaskan.

Ke benar itu rekam.

Untuk membela diri.

Dan Anda berhenti sebentar.

ITU DIAM KETEGANGAN

Disalahpahami adalah salah satu pengalaman paling tidak nyaman dalam ketaatan.

Dia terasa tidak adil.

Dia terasa mengekspos.

Dia terasa menyukai kesunyian mungkin Lihat menyukai kesalahan.

Namun Kitab Suci tidak pernah menjanjikan bahwa ketaatan akan selalu ditafsirkan dengan benar. Terkadang, kesetiaan diuji bukan oleh penentangan—tetapi oleh **salah tafsir** .

Apa Anda Mengerjakan Berikutnya hal-hal lagi dibandingkan Apa adalah dikatakan.

KITAB SUCI SEBAGAI SAKSI

"Kapan Dia adalah dicerca, Dia telah melakukan bukan mencaci di dalam kembali."

— 1 Peter 2:23

"A Bagus nama adalah lebih tepatnya ke menjadi terpilih dibandingkan Besar kekayaan."

— Amsal 22:1

"Melakukan milikmu jalan ke itu Yang mulia... Dan Dia sebaiknya membawa dia ke lulus."

— Mazmur 37:5

A LEMBUT PETUNJUK

Bagaimana jika hari ini Anda lebih mempercayai **karakter daripada penjelasan** ? Tidak setiap salah paham kebutuhan A tanggapan.

Tidak setiap tuduhan membutuhkan penjelasan. Tidak setiap diam berarti menyerah.

Terkadang, respons yang paling tepat adalah tetap tenang—memberi waktu, kebenaran, Dan buah ke berbicara lagi jelas dibandingkan pertahanan pernah bisa.

A PERTANYAAN KE DUDUK DENGAN

Melakukan Anda memercayai Tuhan cukup ke membiarkan Dia **Membenarkan** , atau apakah Anda merasa bertanggung jawab untuk mengendalikan narasi? Biarkan itu pertanyaan menetap sebelum Anda menjawab dia.

A SEDERHANA TINDAKAN

Hari ini, tahan keinginan untuk mengoreksi satu kesalahpahaman. Tidak secara permanen.

Bukan secara pasif. Tapi dengan penuh doa.

Bertanyalah Tuhan:

"Adalah -ku tanggapan dibutuhkan—atau adalah -ku keteguhan cukup?"

Kemudian bertindak demikian.

A DOA (dengan tenang) LISAN)

Ayah,

Anda melihat Apa yang lain salah membaca.

Mengajar Saya ke menanggapi dengan

kebijaksanaan, bukan rasa takut. Bantulah aku untuk mempercayakan reputasiku kepada-Mu.
SAYA tempat -ku nama di dalam
Milikmu perhatian. Amin.

A LEMBUT PERNYATAAN

SAYA Mengerjakan bukan berjuang ke membela diriku sendiri. Tuhan adalah itu penjaga dari -ku nama.

SAYA tetap setia Kapan disalahpahami.

MELIHAT DI DEPAN KE HARI TIGA PULUH TIGA

Besok, itu ketegangan semakin dalam.

Biayanya bukan lagi kesalahpahaman—

melainkan **hubungan** .

Kami akan mengeksplorasi:

HARI TIGA PULUH TIGA – Kapan Kebenaran Biaya Anda Hubungan

Bagaimana A hidup surat berbicara Sejujurnya tanpa mencoba ke kontrol itu hasil.

HARI TIGA PULUH TIGA

KETIKA KEBENARAN MENGAKIBATKAN KERUSAKAN DALAM HUBUNGAN

SKENARIO KE MEMASUKI

A Anda telah melakukan bukan rencana jaraknya .

Dia terjadi perlahan—

A berhenti sebentar di

dalam percakapan,

perubahan nada

bicara,

sebuah tak terucapkan ketegangan.

Anda berbicara Sejujurnya, Tetapi

bukan dengan kasar. Kamu memilih

integritas, bukan provokasi. Namun,

sesuatu berubah.

Hubungan itu tidak berakhir secara dramatis

. **hanyut** .

Dan Anda merasa itu berat dari dia.

ITU DIAM BERJUANG

Kebenaran sering membawa A biaya Kami jarang mempersiapkan Bukan penolakan dari orang asing—

Tetapi jarak dari rakyat Kami peduli tentang.

Kitab Suci tidak pernah janji itu kebenaran akan selalu menjadi Selamat datang. Terkadang hal itu mengungkap, menggoyahkan, atau mengganggu apa yang orang lain belum siap hadapi. Dalam situasi tersebut, momen-momen, Cinta adalah diuji—tidak oleh kesunyian, Tetapi oleh **setia kejujuran tanpa kendali** .

Anda tidak bisa memutuskan Bagaimana
yang lain jawab. Anda Bisa hanya
memutuskan Bagaimana Anda tetap
ada. **KITAB SUCI SEBAGAI SAKSI**

"Pagi SAYA Sekarang pencarian itu persetujuan dari pria, atau dari Tuhan?"

— Orang Galatia 1:10
"Berbicara itu kebenaran di
dalam Cinta."
— Efesus Jam 4:15
"Diberkati adalah Anda Kapan rakyat menyinggung Anda... Karena tentang Aku.
— Matius 5:11

A LEMBUT PETUNJUK

Bagaimana jika hari ini Anda melepaskan kebutuhan untuk
melestarikan? Hasilnya ? Anda Bisa Cinta dalam Dan
tetap menjadi tidak setuju dengan.
Anda Bisa berbicara kebenaran dengan lembut Dan tetap menjadi menolak.
Anda Bisa tetap setia tanpa memaksa Rekonsiliasi.
Tanggung jawabmu adalah ketaatan.
Tuhan tanggung jawab adalah jantung .

A PERTANYAAN KE DUDUK DENGAN

Adalah Anda lagi takut dari kehilangan hubungan
-atau dari kekalahan integritas?
Duduk dengan itu pertanyaan panjang cukup ke menjawab Sejujurnya.

A SEDERHANA TINDAKAN

Hari ini, memilih kesetiaan lebih Upaya
perdamaian. Jangan mundur.
Melakukan bukan
Jangan terlalu banyak
menjelaskan. Jangan
membuat kaku.
Tetap baik hati.
Tetaplah
bersikap baik.
jujur.
Tetap terbuka—tanpa mengejar penerimaan.

A DOA (dengan tenang) LISAN)

Ayah,
Anda tahu itu biaya dari kebenaran lisan di
dalam cinta. Tolong Saya tetap setia tanpa
kebencian.

Penjaga -ku jantung dari kompromi Dan dari ketegasan. Aku mempercayakan setiap hubungan kepada-Mu.

Amin.

A LEMBUT PERNYATAAN

SAYA memilih kebenaran lisan di dalam Cinta.

SAYA melepaskan kontrol lebih hasil.

SAYA tetap setia, bahkan Kapan dia biaya.

MELIHAT DI DEPAN KE HARI TIGA PULUH EMPAT

Besok, itu fokus berbelok batin Sekali lagi.

Bukan untuk menghukum—tetapi untuk

memulihkan. Kita akan mengeksplorasi:

HARI TIGA PULUH EMPAT – Kapan Anda Gagal Setelah Penuh arti Lebih baik

Bagaimana A hidup surat menjawab setelah A tersandung.

HARI TIGA PULUH EMPAT

KETIKA KAMU GAGAL SETELAH TAHU LEBIH BAIK

A SKENARIO KE MEMASUKI

Dia mengejutkanmu—tidak karena itu terjadi, tetapi karena **kamu tahu lebih baik** .

Anda telah sudah
dewasa. Kamu
telah telah
dipelajari.

Anda telah terselesaikan bukan ke kembali di sana lagi.

Namun, di sinilah Anda berada—menghadapi momen yang Anda kira telah Anda lewati. Tidak ada kehancuran yang dramatis.

Hanya A diam kesadaran.

A akrab kekecewaan.

Dan A pertanyaan pembentukan di bawah itu permukaan:

"Apa melakukan ini mengatakan tentang Saya Sekarang?"

ITU DIAM BAHAYA

Kegagalan setelah pertumbuhan membawa beban yang unik. Hal itu menggoda Anda untuk bersembunyi daripada bertobat.

Ke menarik daripada kembali.

Ke melakukan kekuatan lebih tepatnya dibandingkan praktik Kejujuran. Tetapi Kitab Suci tidak pernah memperlakukan pertobatan sebagai kemunduran. Kitab Suci memperlakukannya sebagai **kelanjutan** .

Itu bahaya adalah bukan jatuh.

Itu bahaya adalah berpura-pura Anda tidak.

KITAB SUCI SEBAGAI SAKSI

"Jika Kami mengakui kita dosa, Dia adalah setia Dan hanya ke memaafkan kita."
— 1 John 1:9

"A adil pria mungkin jatuh tujuh waktu Dan bangkit lagi."
— Amsal 24:16
"Membuat di dalam Saya A membersihkan jantung, HAI Tuhan."
— Mazmur 51:10

A LEMBUT PETUNJUK

Bagaimana jika hari ini Anda mempraktikkan **pertobatan yang transparan** ? Tidak penghukuman diri sendiri.
Bukan Mencari-cari alasan.
Bukan bahasa spiritual untuk menutupi ketidaknyamanan. Hanya kejujuran.
Nama Apa terjadi.
Bawa dia ke dalam itu lampu.
Biarkan kasih karunia memulihkan integritas—bukan menghapus tanggung jawab. Pertumbuhan tidak dibuktikan dengan kesempurnaan.
Dia adalah terbukti oleh **Bagaimana dengan cepat Kami kembali** .

SEBUAH PERTANYAAN UNTUK DIRENUNGKAN

Kapan Anda gagal, Mengerjakan Anda bergerak **ke arah Tuhan** -atau diam-diam menarik jauh?
Membiarkan itu pertanyaan membaca milikmu naluri.

A SEDERHANA TINDAKAN

Hari ini, berbicara Sejujurnya ke Tuhan tentang satu kegagalan. Tidak penjelasan.
TIDAK perbandingan.
Tidak menunda.
Kemudian mengambil satu kecil melangkah ke menyetel kembali-bukan ke membuktikan apa pun, Tetapi ke kembali sepenuhnya.

A DOA (dengan tenang) LISAN)

Ayah,
Aku menyampaikan kegagalanku

kepada-Mu tanpa menyembunyikannya. Terima kasih. Anda itu berkah tetap bertemu Saya di sini. Pulihkan -ku integritas Dan memperbarui -ku Hati. Aku memilih pertobatan daripada mundur.
Amin.

A LEMBUT PERNYATAAN

SAYA Mengerjakan bukan bersembunyi setelah kegagalan.
Kasih karunia memulihkan saya dan
kebenaran meluruskan saya. Saya
bangkit kembali dan terus setia.

MELIHAT DI DEPAN KE HARI TIGA PULUH LIMA

Besok, itu lensa pergeseran ke luar lagi.
Ini waktu, itu pembaca adalah bukan
berjuang—mereka **dipercaya** .
Kami akan mengeksplorasi:
HARI TIGA PULUH LIMA – Kapan Anda Memiliki Otoritas
Bagaimana A hidup surat membawa pengaruh tanpa menyalahgunakan dia.

HARI TIGA PULUH LIMA KETIKA ANDA MEMILIKI

WEWENANG

A SKENARIO KE MEMASUKI

Anda melihat dia perlahan-lahan.

Rakyat berhenti sebentar Kapan
Anda Bicaralah. Mereka akan
meminta pendapatmu.

Mereka menyesuaikan milik mereka keputusan berdasarkan pada milikmu kata kata.

Anda telah melakukan bukan bertanya untuk ini ruang—
tetapi Anda Sekarang menempati Itu. Kekuasaan telah
datang secara diam-diam.

Bukan dengan A judul.

Bukan dengan sebuah
pengumuman. Tapi dengan
pengaruh.

Dan pertanyaannya bukan lagi apakah Anda
memimpin— tetapi **Bagaimana** .

ITU DIAM TES

Otoritas mengungkapkan apa yang telah
dibangun melalui pembentukan karakter.

Otoritas tidak membentuk karakter.

Dia mengungkap dia.

Otoritas Bisa menjadi digunakan ke melayani—
atau ke Mengamankan. Melindungi—atau
memberi tekanan.

Ke panduan—atau ke kontrol.

Kitab Suci memperlakukan wewenang sebagai pengelolaan, bukan hak. Apa yang Anda lakukan dengan pengaruh bentuk bukan hanya hasil, Tetapi **rakyat** .

KITAB SUCI SEBAGAI SAKSI

"Siapapun keinginan ke menjadi Besar di antara Anda, membiarkan dia menjadi milikmu pelayan."

— Matius 20:26

"Bukan tuan dia lebih itu dipercayakan ke Anda, Tetapi makhluk contoh."

— 1 Petrus 5:3

"Ke yang banyak adalah diberikan, banyak akan menjadi diperlukan."
— Lukas 12:48

A LEMBUT PETUNJUK

Bagaimana jika hari ini Anda mempraktikkan **kepemimpinan yang terkendali** ? Tidak memaksakan setiap pendapat.
Bukan mengoreksi setiap kesalahan.
Jangan menggunakan pengaruh untuk melindungi kenyamanan. Dengarkan.
lebih lama.
Berbicara dengan hati-hati.
Bertindaklah dengan kesadaran bahwa kata-kata Anda memiliki bobot. Wewenang paling aman ketika dijalankan dengan ringan.

A PERTANYAAN KE DUDUK DENGAN

Melakukan milikmu pengaruh membuat rakyat **lagi bebas** -atau lagi hati-hati sekitar Anda?
Membiarkan itu pertanyaan membuka nada, bukan maksud.

A SEDERHANA TINDAKAN

Hari ini, menggunakan otoritas ke **melindungi** , bukan ke membuat terkesan.

- Mengundang lain suara ke dalam sebuah keputusan
- Lambat turun A tanggapan itu bisa mengalahkan
- Memilih peduli lebih kontrol

Membiarkan rakyat merasa aman di bawah milikmu pengaruh.

A DOA (dengan tenang) LISAN)

Ayah,
Anda melihat itu pengaruh Anda memiliki dipercayakan ke Aku. Lindungi hatiku dari kesombongan dan penyalahgunaan.
Mengajar Saya ke memimpin dengan kerendahhatian Dan perhatian. Biarlah wewenangku mencerminkan hati-Mu.
Amin.

A LEMBUT PERNYATAAN

Saya memegang pengaruh
dengan kerendahan hati.
Wewenang saya melayani, bukan
mengendalikan.
Tuhan bentuk yang lain melalui -ku kesetiaan.

MELIHAT DI DEPAN KE HARI TIGA PULUH ENAM

Besok, itu tes menjadi lagi halus. Tidak
otoritas-
Tetapi **kinerja** .
Kita akan
mengeksplorasi:

HARI TIGA PULUH ENAM – Kapan Anda Adalah Tergoda ke Melakukan

Bagaimana A hidup surat tetap jujur Kapan visibilitas meningkat.

HARI TIGA PULUH ENAM

KAPAN ANDA ADALAH TERGODA UNTUK MELAKUKAN

A SKENARIO KE MEMASUKI

Anda melihat A menggeser.
Anda adalah lagi menyadari dari Bagaimana Anda suara. Lebih memperhatikan penampilan Anda.
Lebih berhati-hati dengan apa yang orang harapkan darimu. Tidak ada sama sekali. adalah salah—tapi sesuatu terasa **Berhasil dikelola** .
Anda masih melakukan hal yang benar.
Tetap pepatah itu Kanan
kata-kata. Masih muncul.
Belum di bawah dia semua, di sana
adalah tekanan. Tidak patuh—
Tetapi ke **menjaga** .

ITU DIAM BAHAYA

Pertunjukan sering penyamaran diri sebagai
Kesetiaan. Itu tampak seperti disiplin.
Dia suara menyukai
Pengabdian. Rasanya
penuh tanggung jawab.
Tetapi pertunjukan perlahan-lahan
menggantikan Kehadiran. Anda berhenti
bertanya, "*Apakah saya bersikap jujur?*"
Dan awal meminta, "*Bagaimana pagi SAYA makhluk dipersepsikan?*"
Kitab Suci tidak pernah panggilan

kita ke mengesankan. Itu mengajak
kita untuk **patuh** .

KITAB SUCI SEBAGAI SAKSI

"Ini rakyat penghargaan Aku dengan milik mereka bibir, Tetapi milik mereka jantung adalah jauh dari Aku."

— Matius 15:8

"Apa pun Anda Mengerjakan, Mengerjakan dia dengan sepenuh hati, sebagai ke itu Yang mulia."

— Kolose 3:23

"Pria terlihat pada itu ke luar penampilan, Tetapi itu Yang mulia terlihat pada itu jantung."

— 1 Samuel 16:7

A LEMBUT PETUNJUK

Bagaimana jika hari ini Anda mempraktikkan **ketulusan yang tersembunyi** ? Lakukan sesuatu yang beriman yang tidak dilihat siapa pun.

Bicaralah jujur di mana kinerja akan lebih mudah.

Biarkan pergi dari itu tekanan ke muncul konsisten-

Dan memilih ke **menjadi** konsisten.

Tuhan adalah bukan terkesan oleh penampilan. Dia senang dengan kebenaran.

A PERTANYAAN KE DUDUK DENGAN

Jika TIDAK satu adalah menonton,

Akankah ketaatanmu terlihat sama?

Biarkan pertanyaan itu merenung dengan tenang.

A SEDERHANA TINDAKAN

Hari ini, melepaskan satu berorientasi pada kinerja kebiasaan.

- Berdoa tanpa Polandia
- Melayani tanpa makhluk terlihat
- Mematuhi tanpa memberi sinyal dia

Membiarkan kejujuran bernapas lagi.

A DOA (dengan tenang) LISAN)

Ayah,

Bebas Saya dari itu membutuhkan ke melakukan.

Kembalikan hatiku kepada kesetiaan yang

sederhana. Biarkan -ku ketaatan mengalir dari Cinta, bukan tekanan. Saya memilih kejujuran sebelum Anda.
Amin.

A LEMBUT PERNYATAAN

SAYA Mengerjakan bukan melakukan untuk persetujuan.
-ku ketaatan aliran dari kebenaran Dan
cinta. Tuhan melihat hatiku, dan itu
sudah cukup.

MELIHAT DI DEPAN KE HARI TIGA PULUH TUJUH

Besok, ketegangan akan kembali bergeser ke
luar. Ini bukan lagi tentang apa yang kamu
lakukan—
Tetapi Apa Anda
Mengerjakan bukan
Katakanlah . Kita akan
mengeksplorasi:

HARI TIGA PULUH TUJUH – Kapan Kesunyian Adalah Lebih mudah Dibandingkan Saksi

Bagaimana A hidup surat menjawab Kapan keberanian diperlukan .

HARI TIGA PULUH TUJUH

KAPAN KESUNYIAN ADALAH LEBIH MUDAH DARIPADA SAKSI

A SKENARIO KE MEMASUKI

Itu momen melewati dengan cepat.
A komentar dibuat .
Sebuah anggapan tidak mendapat bantahan.
Sebuah peluang yang tenang terbuka—
dan kemudian tertutup. Anda
merasakannya.
Itu batin dorongan.
Itu singkat kesadaran: *SAYA bisa berbicara Di Sini.*
Tetapi Anda tidak.
Bukan karena kamu menyangkal
kebenaran— tetapi karena diam
terasa lebih mudah.

ITU DIAM KETEGANGAN

Keheningan jarang
bersifat netral.
Terkadang dia adalah
kebijaksanaan.
Terkadang dia adalah
pengekangan.
Tetapi Kadang-kadang, dia adalah takut menyamar
sebagai damai. Kitab Suci tidak pernah menyuruh
kita untuk berbicara terus-menerus—
Namun, hal itu menyeru kita untuk setia ketika kebenaran
membutuhkan suara. Bahayanya bukanlah penentangan

yang keras.

Dia adalah diam kelalaian.

KITAB SUCI SEBAGAI SAKSI

"Siapapun menyangkal Aku sebelum laki-laki, dia SAYA akan Juga membantah sebelum -ku Ayah."

— Matius 10:33

"Membiarkan milikmu lampu Jadi bersinar sebelum laki-laki."

— Matius 5:16

"Jika kamu tetap diam pada saat ini, pertolongan dan keselamatan akan datang dari tempat lain." tempat."

— Ester 4:14

A LEMBUT PETUNJUK

Apa jika Hari ini Anda berlatih **berani Kelembutan** ?

Tidak argumen.

Bukan konfrontasi.

Bukan pertunjukan.

Hanya kebenaran—diucapkan dengan tenang, hormat, dan jelas

bila diperlukan. Anda adalah bukan bertanggung jawab untuk

Bagaimana kebenaran adalah diterima.

Anda adalah bertanggung jawab untuk apakah dia adalah dirahasiakan.

A PERTANYAAN KE DUDUK DENGAN

Kapan Anda tinggal diam,

adalah dia Karena kebijaksanaan

panggilan untuk Itu atau karena

rasa takut?

Membiarkan itu pertanyaan memisahkan itu dua.

A SEDERHANA TINDAKAN

Hari ini, bicaralah sekali saja di saat biasanya Anda diam.

Tidak dengan keras.

Bukan secara

defensif. Hanya

dengan setia. A

kalimat.

A pertanyaan.

A diam kejelasan.

Membiarkan milikmu kehidupan menjadi membaca **dengan lantang** .

A DOA (dengan tenang) LISAN)

Ayah,

Berilah aku kebijaksanaan untuk mengetahui kapan

diam adalah suatu kearifan dan kapan itu adalah suatu

penghindaran.

Memperkuat Saya ke berbicara kebenaran dengan

kerendahhatian Dan keberanian. Aku memilih kesetiaan
lebih kenyamanan.

Amin.

A LEMBUT PERNYATAAN

SAYA Mengerjakan bukan bersembunyi -ku keyakinan di dalam kesunyian.

Aku berbicara ketika kebenaran
membutuhkan suara. Tuhan
memberikan Saya keberanian dengan
kelemah-lembutan.

MELIHAT DI DEPAN KE HARI TIGA PULUH DELAPAN

Besok, itu tes adalah bukan
Keberanian— itu adalah **daya
tahan** .

Kami akan mengeksplorasi:

HARI TIGA PULUH DELAPAN – Kapan Anda Adalah Lelah dari Makhluk Konsisten

Bagaimana A hidup surat tetap setia Kapan kelelahan set di dalam.

HARI TIGA PULUH DELAPAN

KAPAN ANDA ADALAH LELAH DARI BERSKONSISTENSI

SKENARIO KE MEMASUKI

A Tidak ada adalah salah.
Di sana adalah
TIDAK krisis.
Tidak konflik.
TIDAK dramatis
kegagalan. Hanya
pengulangan.
Pilihan yang sama.
Itu sama disiplin
ilmu.
Itu sama kesetiaan—hari setelah hari
ini. Kamu tidak berkecil hati.
Anda adalah **lelah** .
Dan di suatu tempat di bawah itu kelelahan, A pikiran formulir:
Melakukan ini tetap urusan?

ITU DIAM KELELAHAN

Konsistensi jarang terasa heroik.
Rasanya justru tidak
diperhatikan.
Tidak terkenal.
Biasa saja.

Kitab Suci tidak pernah memuliakan kegembiraan—itu penghargaan ketahanan. Kesetiaan di atas waktu bentuk karakter lagi dalam dibandingkan momen dari intensitas pernah bisa.

Itu bahaya adalah bukan henti sekaligus.

Dia adalah **melayang** —melonggarkan standar Karena kelelahan bisikan izin.

KITAB SUCI SEBAGAI SAKSI

"Membiarkan kita bukan tumbuh lelah ketika sedang mengerjakan Bagus."

— Orang Galatia 6:9
"Dia WHO bertahan ke itu akhir sebaiknya menjadi diselamatkan."
— Matius 24:13
"Menjadi tabah, tak tergoyahkan, selalu berlimpah di dalam itu bekerja dari itu Yang mulia."
— 1 Korintus 15:58

A LEMBUT PETUNJUK

Bagaimana jika hari ini Anda menghormati kesetiaan **tanpa merasakannya** ? Jangan mencari motivasi.
Jangan menunggu
perpanjangan. Cukup
tetap.
Konsistensi tidak dipertahankan oleh
emosi— melainkan oleh keyakinan.

A PERTANYAAN KE DUDUK DENGAN

Apakah Anda tergoda untuk
melonggarkan ketaatan bukan karena
itu salah—
Tetapi Karena Anda adalah lelah?
Membiarkan itu pertanyaan nama Apa Anda merasa.

A SEDERHANA TINDAKAN

Hari ini, mengulang satu setia praktik **pada tujuan**
. Bukan secara otomatis.
Bukan dengan
kesal. Tapi
secara sadar.
Membiarkan milikmu konsistensi menjadi sebuah bertindak dari memuja.

A DOA (dengan tenang) LISAN)

Ayah,
Anda melihat itu kelelahan SAYA membawa.
Memperkuat Saya ke tetap setia Kapan energi adalah
rendah. Perbarui ketahananku—bukan dengan
kegembiraan, tetapi dengan keanggunan. Saya memilih
untuk tetap tinggal.
Amin.

A LEMBUT PERNYATAAN

SAYA tetap setia bahkan Kapan SAYA pagi lelah.

Tuhan berkah mempertahankan -ku
Konsistensi. Ketaatanku tetap
berarti.

MELIHAT DI DEPAN KE HARI TIGA PULUH SEMBILAN

Besok, itu fokus melebar.
Milikmu kehidupan adalah makhluk membaca—
tidak sambil lalu, Tetapi **secara saksama** . Kita
akan mengeksplorasi:

HARI TIGA PULUH SEMBILAN – Kapan Milikmu Kehidupan Adalah Membaca Dekat

Bagaimana penyelarasan berbicara lebih keras dibandingkan maksud.

HARI TIGA PULUH SEMBILAN

KAPAN MILIKMU KEHIDUPAN ADALAH MEMBACA DEKAT-DEKAT

A **SKENARIO KE MEMASUKI**

Anda melihat dia tanpa makhluk diberi tahu. Seseorang jam tangan Bagaimana Anda menanggapi. Bukan Apa Anda katakan—tetapi Apa Anda Mengerjakan Selanjutnya. Bukan keyakinanmu—tetapi konsistensimu. Mereka tidak mengajukan pertanyaan. Mereka Mengerjakan bukan tantangan Anda. Mereka hanya mengamati. Hidupmu sedang dibaca—perlahan, hati-hati, dan tenang . **TIDAK MABUK REALITAS**

Bukan semua pembaca mengumumkan diri mereka sendiri. Beberapa membaca dalam diam.

Beberapa membaca lebih waktu.

Beberapa membaca bukan untuk inspirasi, Tetapi untuk **verifikasi** .

Kitab Suci mengajar itu keyakinan adalah pada akhirnya diperiksa—tidak oleh maksud, tetapi dengan buah. Kapan hidup adalah membaca dengan saksama, penyelarasan hal-hal lagi dibandingkan penjelasan.

Konsistensi menciptakan kredibilitas. Integritas menciptakan

Singkirkan kontradiksi yang membingungkan
saksi. Aku memilih integritas di atas-Mu.
Amin.

A LEMBUT PERNYATAAN

-ku kehidupan mencerminkan itu
Injil SAYA Percaya. Aku berjalan
selaras dan berintegritas.
Kristus adalah jelas terlihat melalui -ku ketaatan.

MELIHAT DI DEPAN KE HARI EMPAT PULUH

Besok adalah bukan A
pelajaran. Ini adalah
sebuah **pengiriman** .
Anda akan bukan menjadi diminta ke mempelajari lagi-

Anda akan menjadi diminta ke **hidup dengan sengaja** . **HARI EMPAT PULUH – Sekarang Pergi, Dan Menjadi Membaca**

HARI EMPAT PULUH

SEKARANG PERGI — DAN MENJADI MEMBACA

A TERAKHIR PEMANDANGAN KE MEMASUKI

Anda memiliki dicapai itu akhir dari itu halaman.
Di sana adalah TIDAK tepuk tangan.
TIDAK kesimpulan dibungkus
dengan rapi. Tepat saat ini.
Kesadaran yang tenang bahwa tidak ada lagi yang perlu
dipelajari— hanya **hidup** .
Anda adalah TIDAK lebih lama
hanya A pembaca. Anda adalah
Sekarang itu Kelanjutan.

KEBENARAN AKHIR

Kitab Suci adalah tidak pernah dimaksudkan
ke akhir pada kertas. Itu adalah
dimaksudkan ke menjadi **terwujud** .
Apa yang telah Anda terima selama beberapa hari ini bukanlah
sekadar informasi. Itu adalah pembentukan karakter.
Penyelaras
an.
Undangan.
Sekarang, milikmu kehidupan
menjadi itu Teks. Dibaca oleh
keluarga.
Membaca oleh orang asing.
Membaca oleh itu WHO tidak pernah
membuka A Alkitab. Dibaca oleh

Tuhan Sendiri.

KITAB SUCI SEBAGAI TERAKHIR SAKSI

"Anda adalah kita surat... diketahui Dan membaca oleh semua laki-laki."

— 2 Korintus 3:2–3

"Oleh milik mereka buah-buahan Anda akan tahu mereka."

— Matius 7:16

"Sebagai itu Ayah memiliki terkirim Aku, SAYA Juga mengirim Anda."
—John 20:21

A PERJANJIAN KE MEMBUAT (MEMBACA PERLAHAN-LAHAN)

Hari ini, Anda adalah bukan diminta ke janji
Kesempurnaan. Kamu adalah diminta ke janji
kesetiaan .
Untuk hidup
dengan jujur.
Untuk menyesali
dengan cepat.
Untuk patuh
dengan tenang.
Untuk mencintai
dengan sepenuh
hati.
Untuk bertahan
dengan teguh. Tidak
ke menjadi
mengesankan— tapi
sebenarnya ...

A PRIBADI KOMITMEN

(Membaca nyaring jika mungkin)

SAYA melakukan ke hidup sebagai A hidup
surat dari Kristus. Aku memilih ketaatan
lebih kenyamanan.
Kebenaran di atas kinerja.
Kesetiaan lebih persetujuan.
SAYA akan mengizinkan -ku kehidupan ke menjadi membaca jelas.
SAYA akan berjalan di dalam penyelarasan Kapan TIDAK satu melihat.
SAYA akan mewakili Kristus dengan
kerendahhatian Dan Keberanian. Hidupku milik
Tuhan.
-ku saksi milik ke itu dunia. Amin.

A TERAKHIR PERNYATAAN

SAYA pagi tertulis oleh itu Roh dari itu

hidup Tuhan. Hidupku mencerminkan
Injil Kristus.
Aku adalah saksi yang setia di
generasiku. Aku pergi sekarang—untuk
hidup Apa SAYA meyakini.

A MENGIRIM DOA

Ayah,
Kami melepaskan ini pembaca ke dalam itu dunia sebagai
Milikmu hidup Surat. Jaga integritas mereka.
Memperkuat milik mereka ketaatan.
Membiarkan milik mereka kehidupan berbicara jelas Di mana kata-kata gagal.

Mungkin Kristus menjadi terlihat
melalui Semoga buahnya menjadi
bukti kebenaran.
Mungkin milik mereka
saksi bertahan. Kirim
mereka-
bukan ke melakukan,
Tetapi ke hidup dengan setia sebelum
Kamu. Amin.

SEKARANG PERGI

Menutup itu
buku. Buka
milikmu hidup.
Dan dibaca.

KESIMPULAN

ITU HALAMAN SELESAI — ITU KESAKSIAN BERLANJUT

Tmiliknya buku adalah tidak pernah dimaksudkan ke menjadi selesai d mengatur ke samping.

Dia adalah dimaksudkan ke **tanda A berputar** .

Apa yang telah Anda lalui bukanlah sekadar rangkaian renungan, refleksi sejarah, atau latihan spiritual. Ini adalah undangan menuju cara hidup yang Kitab Suci diri tuntutan Tetapi budaya sering menghindari: A kehidupan itu Bisa menjadi **membaca** .

Iman Kristen tidak pernah dirancang untuk tetap terbatas pada halaman-halaman buku dan mimbar-mimbar, atau pribadi hukuman. Dari itu awal, Tuhan maksud memiliki Sudah jelas—kebenaran-Nya akan tertulis di dalam hati, diungkapkan melalui kehidupan, dan ditafsirkan oleh dunia melalui buah yang terlihat.

Ini adalah itu berat dari makhluk A hidup surat.

Itu kehidupan dari Agustinus mengingatkan kita itu transformasi adalah bukan Ketaatan bukanlah sesuatu yang instan, bukan pula sesuatu yang mudah, dan kesetiaan bukanlah tanpa pengorbanan. Namun kesaksiannya yang abadi juga membuktikan sesuatu yang sama pentingnya: ketika sebuah hidup diserahkan ke Tuhan kepengarangan, dia menjadi terbaca lintas berabad-abad.

Roh yang sama yang menulis di hati Agustinus kini menulis di hatimu . kesimpulan dari ini buku melakukan bukan bertanya Anda ke mengagumi itu kebenaran.

Dia bertanya Anda ke **mewujudkan** dia.

Mulai saat ini, hidup Anda akan terus berbicara—baik disengaja maupun tidak. Pesan itu akan terbaca dalam keputusan pribadi, dalam momen-momen tanpa pengawasan, dalam penderitaan dan ketahanan, dalam otoritas dan kerendahan hati, dalam pertobatan dan ketekunan.

Pertanyaan yang tersisa bukanlah apakah kisah hidup Anda akan dibaca. Melainkan, **apa yang akan dibaca dari kisah hidup Anda. dia akan mengatakan** .

Mungkin dia berbicara kebenaran tanpa distorsi.

Semoga membuahkan hasil tanpa perlu
pertunjukan. Semoga dia mencerminkan
Kristus tanpa kompromi.

Dan ketika hidupmu diperiksa—oleh manusia, oleh waktu, dan pada akhirnya oleh Tuhan—semoga jelas bahwa kamu mengizinkan Roh Allah yang hidup untuk menulis dengan bebas, setia, dan sepenuhnya.

Itu buku menutup di
sini. Itu saksi
melakukan bukan.

Pergi—dan hidup Apa Anda meyakini.

PANGGILAN KE TINDAKAN

A Kemitraan untuk itu Memanen

A Saat Anda menutup buku ini, kami mengundang Anda untuk melanjutkan perjalanan selangkah lebih jauh—bukan hanya di dalam milikmu memiliki kehidupan, Tetapi ke dalam itu hidup dari tak terhitung jiwa

lintas itu negara-negara.

Jika itu pesan dari Tuhan Burung rajawali Kementerian (GEM) memiliki diperkuat, dibangunkan, atau disejajarkan kembali milikmu jantung, Kami dengan rendah hati bertanya Anda ke dengan penuh doa pertimbangkan **untuk bermitra dengan kita untuk itu demi dari itu memanen** . Itu dunia adalah lapar untuk kebenaran, harapan, dan suara Roh Kudus yang lembut namun tak salah lagi, dan bersama-sama kita dapat tempat ini pesan Di mana mereka adalah diperlukan paling.

Kami meyakini media adalah lagi dibandingkan teknologi—itu adalah A **rohani bersih** pemeran Menembus jauh ke dalam berbagai negara, desa, kota, dan tempat tersembunyi. Melalui film, video, radio, dan digital. kementerian, PERMATA adalah mencapai rakyat WHO mungkin tidak pernah memasuki A gereja, tetapi milik siapa hati adalah lebar membuka ke bertemu itu hidup Kristus.

Milikmu kemitraan membantu kita:

1. Menghasilkan Dipenuhi Roh Kudus Film & Video Isi

Kisah dan ajaran yang menyembuhkan, menginspirasi, dan mengungkapkan kasih Yesus dengan cara yang jelas, mudah dipahami, dan mengubah hidup.

2. Siaran itu Injil pada Radio

Menyampaikan Firman Tuhan ke penjara, rumah sakit, komunitas pedesaan, dan tempat-tempat terpencil. di luar Internet jangkauan—di mana harapan adalah langka Dan kebenaran adalah berharga.

3. Memperluas Kita Sosial Media Pengajaran & Pemuridan Kampanye

Renungan harian, doa, dan pengajaran yang memperkuat orang percaya, memulihkan keluarga, dan memperlengkapi murid-murid di seluruh dunia.

Mengapa Milikmu Mendukung Hal-hal penting

SETIAP PESAN DILEPASKAN menjadi A benih dari lampu.

Setiap pengajaran menjadi A riak dari transformasi.

Setiap bertindak dari kemurahan hati menjadi bagian dari Tuhan global memanen.

Milikmu memberi membantu ini kementerian mencapai jiwa Kami mungkin tidak pernah bertemu pada bumi, tetapi akan pasti bertemu di dalam keabadian. Di sana adalah TIDAK tetap jumlah—berikan hanya sebagai itu Tuhan memimpin Anda. Setiap hadiah, besar atau kecil, memainkan A bagian di dalam maju itu Kerajaan.

Ke Mitra atau Memberi:

PayPal :

https://www.paypal.com/ncp/payment/D6NEFW56KG8LU

Tithe.ly:

https://tithe.ly/give?c=308311

Flutterwave – https://flutterwave.com/donate/bbkpkokehxlw

SEMUA MEMBERI JALAN RAYA:

https://www.otakada.org/partnership-giving

Terima kasih atas dukungan Anda.

Terima kasih Anda untuk penaburan ke dalam itu memanen.

Terima kasih Anda untuk membantu kita membawa itu pesan dari Kristus ke itu negara-negara.

Semoga Tuhan memberkati Anda dengan limpah, melimpahkan berkat kepada Anda dengan berlimpah-limpah, dan melipatgandakan setiap benih yang Anda tabur untuk kemuliaan-Nya.

Di dalam Yesus kuat nama, Amin.

-Duta besar Senin HAI. Ogbe, Zakharia Godseagle; Kenyamanan Ladi Ogbe

Pendiri, God's Eagle Ministries (GEM)

www.otakada.org [1]

1. http://www.otakada.org

Bagaimana ke Menjadi Dilahirkan Lagi Dan Awal A Baru Hidup bersama Kristus

Mmungkin Anda telah berjalan dengan Yesus sebelum, atau Mungkin Anda telah hanya bertemu Dia melalui ini 40 hari. Tetapi Kanan Sekarang, sesuatu di dalam Anda adalah mengaduk.

Kamu siap untuk lagi dibandingkan agama. Kamu siap untuk **hubungan** .

Kamu siap ke mengatakan, "Yesus, SAYA membutuhkan Kamu." Inilah kebenarannya:

"Karena semua orang telah berdosa; kita semua tidak mencapai standar kemuliaan Allah... namun Allah, di dalam Miliknya berkah, dengan bebas membuat kita Kanan di dalam Miliknya penglihatan."

— orang Romawi 3:23–24 (NLT)

Anda tidak bisa menghasilkan Keselamatan. Kamu tidak bisa memperbaiki dirimu sendiri.

Tetapi Yesus sudah dibayar itu penuh harga — Dan Dia menunggu ke selamat datang kamu pulang.

Bagaimana ke Menjadi Dilahirkan Lagi

Makhluk dilahirkan lagi cara menyerah milikmu kehidupan ke Yesus — menerima Pengampunan -Nya , percaya bahwa Dia telah mati dan bangkit kembali, dan menerima-Nya sebagai Tuhanmu dan Penyelamat.

Dia sederhana. Dia kuat. Dia perubahan Semuanya.

Ucapkan Doa Ini dengan Lantang:

"Yang mulia Yesus, SAYA meyakini Anda adalah itu Putra dari Tuhan. Aku meyakini Anda mati untuk -ku dosa Dan mawar lagi. SAYA mengakui itu SAYA memiliki berdosa Dan SAYA membutuhkan Milikmu pengampunan. Hari ini, SAYA menyesali Dan berbelok dari -ku tua cara. SAYA mengundang Anda ke dalam -ku kehidupan ke menjadi -ku Yang mulia Dan Juru Selamat. Cuci Saya membersihkan. Mengisi Saya dengan Milikmu Roh.

SAYA menyatakan SAYA pagi dilahirkan lagi, diampuni, Dan bebas.

Dari ini hari maju, SAYA akan mengikuti Anda - Dan SAYA akan hidup di dalam Milikmu tangga.

Terima kasih Anda untuk penghematan Saya. Di dalam Yesus nama, amin."

Berikutnya Tangga Setelah Penyelamatan

1. **Memberi tahu Seseorang** – Membagikan milikmu keputusan dengan A orang percaya Anda percaya.
2. **Menemukan A Berdasarkan Alkitab Gereja** – Bergabung A masyarakat itu mengajar Firman Tuhan Dan hidup dia keluar. Mengunjungi Tuhan Burung rajawali kementerian on line melalui https://www.otakada.org atau https://chat.whatsapp.com/H67spSun32DDTma8TLh0ov
3. **Mendapatkan Dibaptis** – Mengambil itu Berikutnya melangkah di depan umum ke menyatakan imanmu .
4. **Membaca itu Alkitab Sehari-hari** – Awal dengan itu Injil dari John.
5. **Berdoa Setiap Hari** – Bicara ke Tuhan sebagai A teman Dan Ayah.
6. **Tetap Terhubung** – Kelilingi diri Anda dengan orang-orang yang mendukung langkah baru Anda.
7. **Awal A pemuridan Proses di dalam itu masyarakat** – Mengembangkan satu pada satu hubungan dengan Yesus Kristus melalui ini tautan

Pemuridan 40 hari 1 - https://www.otakada.org/get-free-40-days-online-Kursus Pemuridan dalam Perjalanan Bersama Yesus

40 Pemuridan 2 - https://www.otakada.org/get-free-40-days-dna-of-perjalanan-murid-bersama-yesus-seri-2/

-ku Penyelamatan Momen

Tanggal : ____________________

Tanda tangan : ________________

"Jika siapa pun adalah di dalam Kristus, Dia adalah A baru penciptaan; itu tua memiliki lulus jauh, itu yang baru memiliki datang!"

— 2 Korintus 5:17

Sertifikat dari Baru Kehidupan di dalam Kristus

PENYELAMATAN PERNYATAAN – Dilahirkan Lagi oleh Grace

Ini menyatakan itu

____

(Penuh Nama)

memiliki di depan umum dinyatakan **keyakinan di dalam Yesus Kristus** sebagai Yang mulia Dan Penyelamat Dan memiliki diterima itu bebas hadiah dari keselamatan melalui kematian dan kebangkitan-Nya.

"Jika Anda secara terbuka menyatakan itu Yesus adalah Yang mulia Dan meyakini di dalam milikmu jantung itu Tuhan membangkitkan Dia dari itu mati, Anda akan menjadi diselamatkan."

— orang Romawi 10:9 (NLT)

Pada hari ini, surga bersukacita dan sebuah perjalanan baru dimulai. Tanggal Keputusan :______________

Tanda tangan : ______________________________

Penyelamatan Pernyataan

"Hari ini, SAYA menyerah -ku kehidupan ke Yesus Kristus.
SAYA meyakini Dia mati untuk -ku dosa
Dan mawar lagi. Saya menerima Dia
sebagai -ku Yang mulia Dan Penyelamat.
SAYA pagi diampuni, dilahirkan lagi, Dan dibuat baru.
Dari ini momen maju, SAYA akan berjalan di dalam
Miliknya langkah-langkah." Selamat datang di
Keluarga Allah!
Milikmu nama adalah tertulis di dalam itu Domba
Buku dari Hidup. Anda cerita adalah hanya awal —
Dan dia abadi.

MENGHUBUNGKAN DENGAN TUHAN BURUNG RAJAWALI PELAYANAN

- Situs web: www.otakada.org [1]
- Kekayaan Di luar Khawatir Seri: www.wealthbeyondworryseries.com [2]
- E-mail: ambassador@otakada.org

- **Mendukung ini bekerja:**

MENDUKUNG KERAJAAN PROYEK, misi, Dan bebas global sumber daya melalui pemberian yang dipandu oleh perjanjian.

Pindai QR Kode ke Memberi

https://tithe.ly/give?c=308311

Milikmu kemurahan hati membantu kita mencapai lagi jiwa-jiwa, menerjemahkan sumber daya, mendukung para misionaris, Dan membangun pemuridan sistem secara global. Terima kasih Anda!

1. https://www.otakada.org

2. https://www.wealthbeyondworryseries.com

Pengarang BIO

Zakharia Godseagle

A **penulis • Guru • Visioner Pemimpin**

Zacharias Godseagle adalah seorang pengajar Firman yang penuh semangat dan suara yang bijaksana bagi Tubuh Kristus. Ia membawa anugerah unik untuk wawasan spiritual, Zakharia para menteri dengan kejelasan, kenabian kedalaman, Dan A Keinginan yang membara di hati untuk melihat orang percaya berjalan dalam kemurnian, kesalehan, dan penyerahan diri yang tulus kepada Kristus.

Sebagai rekan kerja dalam pelayanan God's Eagle Ministries (GEM), dia memainkan peran sebagai... penting peran di dalam membentuk pemuridan isi, kitab suci penerangan, dan berbasis media kegiatan penjangkauan itu sentuhan hidup lintas digital Dan fisik perbatasan. Miliknya tulisan fokus pada batin transformasi, ketaatan, Dan itu restorasi dari Kristus ke takhta hati orang percaya.

Zacharias didorong oleh keyakinan sederhana: **ketika hati selaras, takdir pun hadir. selaras.**

Ia terus menjangkau khalayak di seluruh dunia melalui pengajaran, bimbingan, dan proyek-proyek kreatif yang dipenuhi Roh Kudus.

Duta besar Senin HAI. Ogbe

PENULIS • MISI • Komunikator • Pendiri, God's Eagle Ministries (GEM)

Duta Besar Monday Oreojo Ogwuojo Ogbe adalah pendiri **God's Eagle Ministries (GEM)** —sebuah misi global dengan mandat untuk "menghubungkan orang-orang ke Tuhan melalui Miliknya Kata." Diketahui untuk miliknya intens gairah untuk Dengan kebenaran, penceritaan yang penuh emosi, dan pengajaran kenabian, ia melayani di berbagai negara melalui menulis, podcasting, pembuatan film, digital penginjilan, Dan Pemuridan.

Dengan latar belakang di bidang kepemimpinan, media, dan misi, Duta Besar Senin membawa A lintas budaya pengurapan itu beresonansi dari Afrika ke Asia, Amerika, Eropa, dan Timur Tengah. Ajarannya menyingkap pergumulan tersembunyi dalam hati orang percaya—keserakahan, pergumulan identitas, kepuasan diri rohani, Dan itu tak kentara erosi dari keintiman dengan Tuhan.

Dia adalah penulis berbagai renungan, seri buku, dan pengajaran multimedia yang menjangkau jutaan orang melalui otakada.org dan platform digital GEM.

Miliknya kehidupan pesan adalah sederhana tetapi mendalam:

"Kapan Kristus duduk pada itu tengah, semuanya kalau tidak mengambil nya sah tempat."

Kenyamanan Ladi Ogbe

PENGARANG • PERANTARA • Rekan Kerja di dalam Kementerian

Comfort Ladi Ogbe adalah seorang penulis, pendoa syafaat, dan rekan kerja dalam penugasan Kerajaan Allah. dari Tuhan Burung rajawali Kementerian. Berbakat dengan kasih sayang, kearifan, dan A memelihara roh, dia membawa emosional kedalaman Dan rohani pembumian pada setiap proyek yang dia kerjakan.

Kontribusinya—seringkali di balik layar—mencerminkan kerendahan hati, kebijaksanaan, Dan penyembuhan. Kenyamanan para menteri melalui konseling, doa, pemuridan, dan kolaborasi kreatif, terutama dalam karya-karya yang menekankan pemulihan keluarga, kedewasaan spiritual, dan transformasi hati.

Sebagai seorang penulis, ia menulis berdasarkan pengalaman hidup dan keyakinan spiritual, menawarkan kepada pembaca kejelasan, kenyamanan, dan dorongan untuk mengejar kesempurnaan di dalam Kristus.

Comfort berkomitmen untuk membantu orang percaya mengalami Tuhan bukan hanya dalam pengetahuan, tetapi dalam kehidupan sehari-hari—di mana hati belajar untuk percaya, menyerah, dan berkembang.

Pengarang Halaman:
https://www.amazon.com/stores/Zacharias-Godseagle/author/B0FCZ89D4K

BUKU & SUMBER DAYA YANG DIREKOMENDASIKAN

PEMBARUAN 7
Sembuh itu Jantung dari Milikmu
Rumah di dalam 7 Hari- hari Pembaruan
Seri – Keluarga Persatuan Edisi

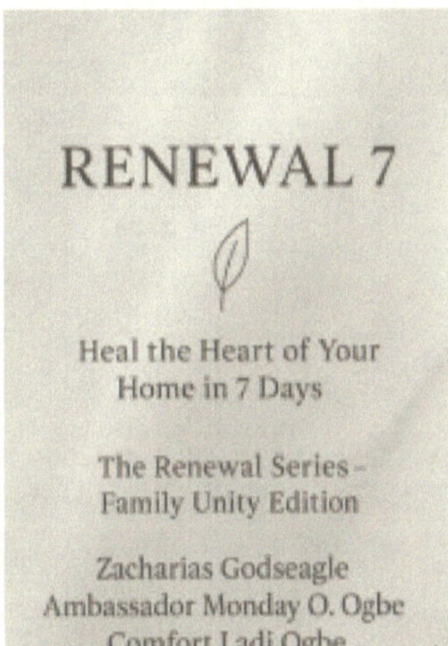

Link ke Buku Buku bersampul tipis - https://shop.ingramspark.com/b/084?params=htyfL002e1JzyEpZWkKtaXWF5FJ1jZFOjgiQKEfcbnw Tautan ke Amazon Halaman Buku bersampul tipis - https://www.amazon.com/RENEWAL- Heal-Heart-Your-Renewal/dp/B0GD92153W

ke Ebook Amazon –
https://www.amazon.com/RENEWAL-Heal-Heart-Your-Renewal-ebook/dp/B0G91BMFND

Pindai AKU –

Pembaruan 7: Sembuh itu Jantung dari Milikmu Rumah di dalam 7 Hari-hari

Itu Pembaruan Seri — Keluarga Persatuan Edisi

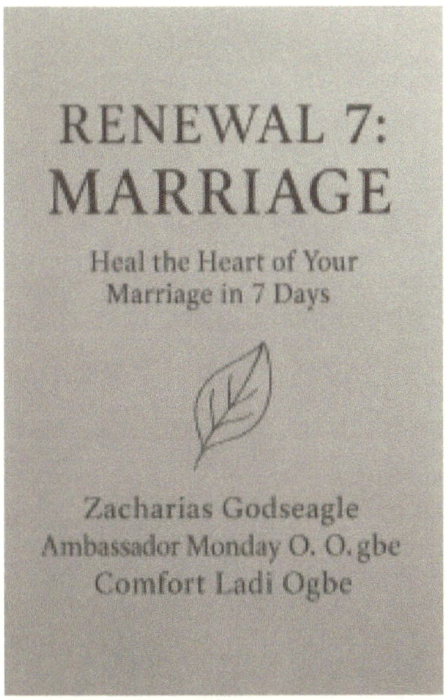

Tautan ke Buku Cetak - https://shop.ingramspark.com/b/084?params=nSEELv9oUsItOu5akVZlg4ycGbbmvlBOtSiqeOZr5yQ

Tautan ke buku fisik di Amazon - https://www.amazon.com/RENEWAL- PERNIKAHAN-Hati-

Pernikahan-Pembaharuan/dp/B0GDC1YZJ7

Tautan ke Ebook Amazon - https://www.amazon.com/RENEWAL- PERNIKAHAN-Hati-Pernikahan-Pembaharuan-ebook/dp/B0G6JXJWJL

ITU TAKHTA DARI ITU JANTUNG – 12 pertempuran Kami harus menang

AMAZON EBOOK - https://www.amazon.com/THRONE-HEART-KESERAKAN-Palsu-KEPUASAN-ebook/dp/ B0G4SPFRY7

saku Amazon - https://www.amazon.com/THRONE-HEART-KESERAKAN-Pemalsuan-KEPUASAN/dp/ B0G4TKW1ND

BUKU BERSAMPUL TIPIS DARI INGRAMSPARK - https://shop.ingramspark.com/b/084?params=a75LJXtvvI63VnzeQPleQTkAJWfu8CPQV6l5Oe31D80

4 DI DALAM 1 KHOTBAH OLEH ZACHARIAS Godseagle dengan Audio link –

LINK EBOOK AMAZON - https://www.amazon.com/Sermons-Zacharias-Godseagle-Audio-links-ebook/dp/B0G4XCH4TW

Buku saku Amazon - https://www.amazon.com/Sermons-Zacharias- Godseagle-Audio-links/dp/B0G4TK4XGT

Link Ingram Spark versi buku saku - https://shop.ingramspark.com/b/084?params=nK2JERskkbhdAOSNseTUNRhaCFqUPZuhB4uYfqrXvGb

THE LOGOS PROTOCOL SERIES | 1
PILGRIM CODE
AI AWAKENING
A prophetic sci-fi thriller where faith collides with artificial intelligence, and light wars against the code.
ZACHARIAS GODSEAGLE
AMBASSADOR MONDAY O. OGBE
COMFORT LADI OGBE

EBOOK - https://www.amazon.com/Logos-Protocol-Awakening-artificial-kecerdasan-ebook/dp/B0FXNQFSWZ

Buku saku - https://www.amazon.com/Logos-Protocol-Awakening- kecerdasan buatan/dp/B0FXNGR66D

Buku *sampul* keras - https://www.amazon.com/Logos-Protocol-Awakening- kecerdasan buatan/dp/B0FZNTQR6Y

Buku saku Ingramspark - https://shop.ingramspark.com/b/084?params=QkK4aNYTYO9U5z9uOkdHgc7Ue1eGDLqbb1tz9WRPaSk

Mengapa Pembebasan Gagal - Dan Bagaimana itu Api dari Tuhan Memulihkan itu Jiwa: 40 Harian Deklarasi untuk Serba Bisa Pembebasan

Ebook - https://www.amazon.com/Why-Deliverance-Fails-Declarations-All-Round-ebook/dp/B0FW74L4G4
Buku saku - https://www.amazon.com/Why-Deliverance-Fails-Deklarasi-Semua-Putaran/dp/B0FWB3LXRM

Tersimpan Tetapi Hilang – Itu Tidak Disiplin Mengubah – diterjemahkan k dalam 25 bahasa

Buku bersampul tipis

https://shop.ingramspark.com/b/
084?params=iYNB6S3PLMfREpm0jMM15bMe3BvWlkjcYyLYnHVGAds
Ebook - https://www.amazon.com/SAVED-BUT-LOST-UNDISCIPLED-heartbreak-ebook/dp/B0FVJ29DF7

7 HARI-HARI DARI ROHANI PERANG & PEMULIHAN - ini adalah Bagian 1

Mengikat itu Musuh, Kembali Anak panah Tujuh kali, Dan Memulihkan Takdirmu

https://shop.ingramspark.com/b/084?params=8mPzqUl73Ex7uPyeO7ydyt8EGkkB6u2gX1jZvWU8j1C

e -book - https://www.amazon.com/DAYS-SPIRITUAL-PEMULIHAN-PERANG-Kembali-ebook/dp/B0FMPJM5KZ
7 HARI-HARI DARI ROHANI PERANG & PEMULIHAN - Bagian 2 - Penyegelan
itu Kemenangan, Pemecahan Rumah tangga Kejahatan, Dan Melestarikan Anda telah Dipulihkan Takdir

Buku bersampul tipis - https://shop.ingramspark.com/b/084?params=LkpNmGSsApHhWhiSO7bW3wFmcXQKIO4ZEBeSbP5rL1S

Ebook - https://www.amazon.com/DAYS-SPIRITUAL-WARFARE-RECOVERY-Wickedness-ebook/dp/B0FR9YCMY8

DARI KEGELAPAN KE KEKUASAAN: 40 Hari-hari ke Merusak Bebas dari Cengkeraman Kegelapan yang Tersembunyi

A Global Renungan dari Kesadaran, Pembebasan & Kekuatan - Untuk Individu, Keluarga, Dan Bangsa-bangsa Siap ke Menjadi Bebas

Buku bersampul tipis

https://shop.ingramspark.com/b/084?params=aVgp21QfwJxNANkfMxIQ0yejuFCVY12KFr978SRkZUD

Tautan Amazon - https://www.amazon.com/DARKNESS-DOMINION- Devotional-Awareness-Deliverance-ebook/dp/B0FLDH2Y67

- ***Terkirim dari itu Kekuatan dari Kegelapan*** **(Sampul Tipis)** — Membeli Di sini [1] | Ebook pada

Amazon [2]

- **Atas Ulasan dari itu Serikat Negara bagian:**
  - **Menyalakan Pelanggan** : "Itu Terbaik Kristen membaca pernah!" (5 bintang)

Puji Yesus atas kesaksian ini. Saya sangat diberkati dan akan merekomendasikan kepada semua orang. satu ke membaca ini buku... Untuk itu upah dari dosa adalah kematian Tetapi itu hadiah dari Tuhan adalah hidup kekal. Shalom! Shalom!

- **Da Gster** : "Ini adalah A sangat menarik Dan lebih tepatnya aneh buku." (5 bintang)

Jika Apa adalah dikatakan di dalam itu buku adalah BENAR Kemudian Kami Sungguh adalah jalan di belakang pada Apa musuh adalah mampu dari sedang mengerjakan! ... A harus untuk siapa pun ingin ke mempelajari tentang spiritual perang.

- **Visa** : "Cinta ini buku" (5 bintang)

1. https://shop.ingramspark.com/b/084?params=oeYbAkVTC5ao8PfdVdzwko7wi6IQimg JY2779NaqG4e

2. https://www.amazon.com/Delivered-Power-Darkness-AFRICAN-DELIVERED-ebook/dp/B0CC5MM4MV

Ini adalah sebuah mata pembuka... A BENAR pengakuan... Baru-baru ini SAYA memiliki pernah mencari untuk itu di mana-mana ke membeli dia. Jadi senang ke mendapatkan dia dari Amazon.

- **FrankJM** : "Lumayan berbeda" (4 bintang)

Buku ini mengingatkan saya betapa nyatanya peperangan rohani. Buku ini juga mengingatkan saya akan alasannya . untuk menempatkan pada itu "Penuh Baja dari Tuhan."

- **JenJen** : "Setiap orang WHO ingin ke pergi ke Surga- membaca ini!" (5 bintang)

Ini buku berubah -ku kehidupan Jadi banyak. Bersama dengan John Ramirez's kesaksian, itu akan membuat Anda Lihat pada milikmu keyakinan berbeda. Saya sudah membaca dia 6 kali!

- *Mantan Pemuja Setan: Itu James Menukarkan* (Sampul Tipis) — Membeli Di sini [3] | Ebook pada

Amazon [4]

3. https://shop.ingramspark.com/b/084?params=I2HNGtbqJRbal8OxU3RMTApQsLLxcUCTC8zUdzDy0W1
4. https://www.amazon.com/JAMESES-Exchange-Testimony-High-Ranking-Encounters-ebook/dp/B0DJP14JLH

- ***KESAKSIAN DARI SEBUAH Afrika MANTAN PENGANUT SETAN*** - *Pendeta JONAS LUKUNTU MPALA* (Sampul Tipis) — Membeli Di sini [5] | Ebook pada Amazon [6]

- *Lebih besar Eksploitasi 14* (Sampul Tipis) — Membeli Di sini [7] | Ebook pada Amazon [8]

---

5. https://shop.ingramspark.com/b/084?params=0Aj9Sze4cYoLM5OqWrD20kgknXQQqO5AZYXcWtoMqWN

6. https://www.amazon.com/TESTIMONY-African-EX-SATANIST-Pastor-Jonas-ebook/dp/B0DJDLFKNR

7. https://shop.ingramspark.com/b/084?params=772LXinQn9nCWcgq572PDsqPjkTJmpgSqrp88b0qzKb

8. https://www.amazon.com/Greater-Exploits-MYSTERIOUS-Strategies-Countermeasures-ebook/dp/B0CGHYPZ8V

- *Keluar dari itu Setan Kawah* oleh John Ramirez — Tersedia pada Amazon [9]
- *Dia Telah datang ke Mengatur itu Para tawanan Bebas* oleh Rebecca Cokelat — Menemukan pada Amazon [10]

Lainnya buku diterbitkan oleh pengarang – Lebih 1000
Judul: Dicintai, Dipilih, dan Utuh : Perjalanan 30 Hari dari Penolakan menuju
Restorasi diterjemahkan ke dalam 40 bahasa dari itu dunia
https://www.amazon.com/Loved-Chosen-Whole-Rejection-Restoration-ebook/dp/B0F9VSD8WL
https://shop.ingramspark.com/b/084?params=xga0WR16muFUwCoeMUBHQ6HwYjddLGpugQHb3DVa5hE

9. https://www.amazon.com/Out-Devils-Cauldron-John-Ramirez/dp/0985604306

10. https://www.amazon.com/He-Came-Set-Captives-Free/dp/0883683239

Loved, Chosen and Whole
A 30-Day Journey from Rejection to Restoration
Zacharias Godseagle; Ambassador
Monday O. Ogbe; Comfort Ladi Ogbe

Di dalam Miliknya Tangga — A 40 Hari WWJD Tantangan: Hidup Menyukai Yesus di dalam Kehidupan nyata Cerita Sekitar itu Dunia https://www.amazon.com/His-Steps-Challenge-Real-Life-Stories-ebook/dp/ B0FCYTL5MG
https://shop.ingramspark.com/b/084?params=DuNTWS59IbkvSKtGFbCbEFdv3Zg0FaITUEvlK49yLzB

YESUS PADA ITU PINTU:
40 Menyayat hati Cerita Dan Surga Terakhir Peringatan ke Gereja-gereja MASA KINI

https://www.amazon.com/dp/B0FDX31L9F

https://shop.ingramspark.com/b/084?params=TpdA5j8WPvw83glJ12N1B3nf8LQte2a1lIEy32bHcGg

PERJANJIAN KEHIDUPAN: 40 Hari-hari dari Sedang berjalan di dalam itu Anugerah dari Ulangan 28
- https://www.amazon.com/dp/B0FFJCLDB5
Cerita dari Nyata Rakyat, Nyata Ketaatan, Dan Asli
https://shop.ingramspark.com/b/084?params=bH3pzfz1zdCOLpbs7tZYJNYgGcYf U32VMz3J3a4e2Qt

Transformasi di dalam lebih 20 bahasa

PENUH ARTI DIA & PENUH ARTI DIA:
40 Hari-hari ke Penyembuhan, Memahami, Dan Abadi Cinta

https://www.amazon.com/KNOWING-HER-HIM-Healing-Understanding-ebook/dp/B0FGC4V3D9
https://shop.ingramspark.com/b/084?params=vC6KCLoI7Nnum24BVmBtSme9i6k59p3oynaZOY4B9Rd

MENYELESAIKAN, BUKAN BERSAING:
A 40 Hari Perjalanan ke Tujuan, Persatuan, Dan Kolaborasi

https://shop.ingramspark.com/b/084?params=5E4v1tHgeTqOOuEtfTYUzZDzLyXLee30cqYo0Ov9941
https://www.amazon.com/COMPLETE-NOT-COMPETE-Journey-Kolaborasi-ebook/dp/B0FGGL1XSQ/

BERSIFAT KETUHANAN KESEHATAN KODE - 40 Sehari-hari Kunci ke Mengaktifkan Penyembuhan Melalui Tuhan Kata Dan Penciptaan Membuka kunci itu Penyembuhan Kekuatan dari Tanaman, Doa, dan Kenabian Tindakan

https://shop.ingramspark.com/b/084?params=xkZMrYcEHnrJDhe1wuHHYixZDViiArCeJ6PbNMTbTux
https://www.amazon.com/dp/B0FHJT42TK

Lainnya buku Bisa menjadi ditemukan pada pengarang halaman
https://www.amazon.com/ toko/Duta Besar-Senin-O.-Ogbe/penulis/B07MSBPFNX

www.ingramcontent.com/pod-product-compliance
Lightning Source LLC
LaVergne TN
LVHW090226051026
849517LV00001B/207
* 9 7 9 8 2 9 5 5 8 9 4 0 9 *